财务BP
方法与案例

郭亮◎著

作者从财务BP的定位、业务、指标、数据及其管理、管理报表、商业智能BI、报告、变革管理、预测建模等十个方面展开讲述，为读者提供了职业定位、岗位内容、工作方法的全方位解析。同时书中提供了大量的实战案例，读者可以从案例中获得启发，找到属于自己的财务工作方法，提升财务专业素养。本书对于财务BP进行了全方位的剖析和讲解，能够为读者提供切实可行、真实有效的指导方法。

图书在版编目（CIP）数据

财务BP：方法与案例 / 郭亮著. — 北京：机械工业出版社，2023.6（2024.11重印）
ISBN 978-7-111-73222-8

Ⅰ.①财… Ⅱ.①郭… Ⅲ.①财务管理-研究 Ⅳ.①F275

中国国家版本馆CIP数据核字（2023）第093696号

机械工业出版社（北京市百万庄大街22号 邮政编码100037）
策划编辑：曹雅君　　　　　责任编辑：曹雅君　蔡欣欣
责任校对：韩佳欣　张　征　责任印制：单爱军
保定市中画美凯印刷有限公司印刷
2024年11月第1版第4次印刷
170mm×230mm・12.5印张・1插页・148千字
标准书号：ISBN 978-7-111-73222-8
定价：88.00元

电话服务　　　　　　　　　网络服务
客服电话：010-88361066　　机　工　官　网：www.cmpbook.com
　　　　　010-88379833　　机　工　官　博：weibo.com/cmp1952
　　　　　010-68326294　　金　书　网：www.golden-book.com
封底无防伪标均为盗版　机工教育服务网：www.cmpedu.com

PREFACE 前　言

中国企业近些年遇到的挑战是过去几十年都没有的：外部环境变得更加严峻，产品高度同质化，竞争激烈，有销量没有利润，企业内部没有培养起核心竞争力……过往的成功经验在这些问题面前似乎也"失灵"了。种种迹象表明，从企业到部门，再到个人，转型升级已经迫在眉睫。在数字经济大背景下，人们对数字化转型、业财融合寄予厚望，希望它们能够帮助企业走出困境，寻找新的发展之路。就这样，财务BP登上了舞台。财务BP是财务组织模式的创新形式，也是一个新兴的财务岗位。

财务BP的定位是公司的内部咨询师，工作范围和能力要求突破了传统财务的概念，他需要同公司高层同频对话，运用咨询方法和思考模型，引导其他部门共同找出突破瓶颈的思路，探索发展的路径，帮助公司设计指标体系，特别是在数据质量不佳的情况下，设计数据的采样标准，参与数字化信息建设的系统选型，为决策者提供见解和意见。与财务总监不一样的地方是，财务BP不负责对外融资。

越来越多的企业意识到设立财务BP的必要性，可是，由于是新生事物，在中国没有专门的资格考试和协会，更没有系统的教材和参考书，因此企业普遍处于迷茫和困惑之中：它在公司的定位是什么？它的主要职责是什么？能力素质包括哪些方面？工作成果是什么？如何去找到这样的人？如果招聘困难，如何开展内部培训？

财务负责人和公司高层普遍存在认知上的盲区，导致招聘进展缓慢、用人效果不好、离职率高。当财务 BP 缺位的时候，财务部无法支持企业转型，不论是数字化转型还是业财融合，甚至财务部在经营决策过程中都处于被边缘化的状态，既无力为企业冲出红海竞争环境提供战略性的建议，也不能引导业务部门挖掘降本增效的可执行方案。公司老板和高层只能眼看着企业深陷困境，无力自拔，错过了转型的最佳时机。

经过与大量同行的交流访谈，我了解到大家的共同诉求，主要集中在以下几个方面。

第一，完整的框架体系。

有了框架，才能知道财务 BP 所需要具备的能力有哪些，工作的定位和职责边界在哪里，才能知道解决问题的入手点在哪里。

第二，基于提问的分析思路和咨询方法。

市面上绝大部分的分析类课程都重在 IT 技术工具的使用，以及基于会计数据的分析方法。但是在实战中，往往是有很多数据的企业，不知道如何利用数据，陷入了"无数据就无见解"的"陷阱"。高层关心的问题，不是数据质量不高，就是干脆没有数据可用。而财务 BP 的一项重要工作任务就是为决策者提供见解——在没有数据的情况下，也要能给出见解——这是重点也是难点，也是最有价值的部分。所以财务 BP 的学习重点不是围绕数据和 IT 工具展开，而是聚焦在提问和分析思路上，以及模型的搭配组合上。

第三，引导业务以及辅助变革。

财务 BP 的职位决定了他们不可能比业务部门更懂业务细节，也不会比业务部的负责人职位还要高，所以如何与业务部门互动，获取信任，并且能够成功引导他们配合共创解决方案，包括开展工作的技巧，在变革中扮演什么角色，这是有很多讲究的。

所以，在写这本书的时候，我有意增加以上三方面的内容。

财务 BP 和经营分析一脉相承，所以应用场景会比较多，这本书不仅对在职的财务 BP 有指导意义，还可以帮助其他人，比如：

对于财务部的负责人来说，可以帮助其了解从战略到变革的整个过程，有利于提高财务部在企业转型时的贡献和参与程度，本书也可以作为财务部转型升级的内训参考资料。

对于老板和公司高管，他们本身就承担日常的分析工作，只是他们的分析方法比较随意，没有经过体系化的训练，本书可以提高分析的广度和深度。

对于数字化转型的厂家人员，包括 IT 项目的咨询人员和销售人员，可以借此书，在 IT 项目设计阶段化解客户企业"数据质量低"这个普遍的"黑箱"难题。

对于想从审计或者是传统的财务岗位转型到财务 BP 的人来说，可以有针对性地"补课"，提高能力素养，找工作或面试时也可以对招聘企业的要求做出判断，提前做好准备。

对于数据分析人员，可以从 IT 工具和算法上游的"分析思路"中寻找分析突破口，避免只围绕数据做文章的现状，提高分析的广度和深度。

本书的创作最早来自于 2018 年在喜马拉雅 FM 里的"经营分析"系列广播节目。最初只是单纯的分享，随着框架的日趋成熟，内容几经优化，我决定把它制作成课程，而且，我知道经营分析在不同的部门应该有不同的侧重点，比如可以分为面向 IT 数据人员、面向财务人员、面向高管等，满足他们各自的需求。2020 年年底的时候，课程的框架基本完成。2021 年我在 B 站发布了宣传视频，观众反响热烈，尤其是财务人员积极回应，他们都期待着早日见到一套系统、全面、完整介绍财务 BP 的入门资料，来帮助他们解决工作中的各种困难以及个人在职场上的转型升级问题。

全书的章节安排如下。

第 1 章介绍财务 BP 及其与相关概念的关系。

第 2 章介绍如何了解业务，如何开展日常工作。

第 3 章介绍指标体系如何建立。

第 4~5 章介绍数据和数据管理。

第 6 章介绍内部管理报表。

第 7 章介绍商业智能。

第 8 章介绍报告的设计。

第 9 章介绍变革管理。

第 10~11 章介绍财务建模，包括情景分析和预测最佳值两类。

这本书的出版离不开许多专业人士的支持和帮助。感谢杜礼青先生对我的支持，感谢钟星林先生一直站在读者的角度提供方法和建议，让原本枯燥的理论变得更具可读性。最后，感谢我的家人，他们为了让我完成创作，给了我很大的支持和帮助。

郭 亮

CONTENTS 目 录

前 言

第一部分 财务 BP 基础

第 1 章 财务 BP 之相识 / 003
1.1 财务BP和财务分析、经营分析 / 003
1.2 财务BP的定位 / 005
1.3 财务BP与财务总监对比 / 008
1.4 财务战略三角模型 / 010

第 2 章 财务 BP 之业务 / 012
2.1 9步法：快速了解公司的业务 / 012
2.2 如何判断公司业务的可行性 / 019
2.3 3个维度：获取高质量的客户画像 / 022
2.4 8个方面：让降本增效更出彩 / 024
2.5 安索夫模型：企业获利的4种选择 / 033
2.6 设计业务方案：利用好"十字象限模型图" / 036
2.7 如何做好业务访谈 / 040
2.8 如何判断问题的根源 / 044

第 3 章 财务 BP 之指标 / 048

3.1 建立指标体系 / 048
3.2 如何掌握成功关键因素 / 052
3.3 建设指标体系的基本框架 / 055
3.4 追踪指标体系中具体项目的进展 / 058
3.5 建立、完善指标档案卡 / 060
3.6 试运行指标体系 / 064

第 4 章 财务 BP 之数据 / 066

4.1 财务数据的分类 / 066
4.2 人工智能对财务的作用 / 068
4.3 数据采集的8种方式 / 071
4.4 为什么你的数据质量那么差 / 073
4.5 如何做好数据质量评估 / 075
4.6 财务BP与IT部门的协作 / 078
4.7 如何获得高质量的数据 / 079

第 5 章 财务 BP 之数据管理 / 082

5.1 业务分析、经营分析和数据分析 / 082
5.2 数据管理与处理 / 085
5.3 评估数字化转型和经营分析的成熟度 / 087
5.4 数据计算三板斧 / 091

第 6 章 财务 BP 之管理报表 / 102

6.1 全面成本法和作业成本法 / 103
6.2 产量会计的本质及应用场景 / 105
6.3 降本增效 / 107

第 7 章 财务 BP 之商业智能 BI / 113

7.1 BI的定义 / 113

7.2　BI软件　　　　　　　　　　　　　　　/ 115

7.3　BI的选型　　　　　　　　　　　　　/ 116

7.4　如何使用BI　　　　　　　　　　　　/ 119

7.5　BI的运用场景　　　　　　　　　　　/ 123

第 8 章　财务 BP 之报告　　　　　　　　　　/ 125

8.1　为什么需要报告　　　　　　　　　　/ 125

8.2　报告、报表和商业智能仪表盘的关系　/ 126

8.3　报告的制作方法与原则　　　　　　　/ 128

8.4　图形设计的原则　　　　　　　　　　/ 132

第 9 章　财务 BP 之变革管理　　　　　　　　/ 138

9.1　变革管理的含义　　　　　　　　　　/ 138

9.2　变革管理的10个策略　　　　　　　　/ 141

9.3　变革管理的3个阶段　　　　　　　　 / 146

第二部分　财务 BP 预测建模

第 10 章　财务 BP 之情景分析　　　　　　　　/ 155

10.1　阶梯费率　　　　　　　　　　　　 / 156

10.2　多变量因素预测　　　　　　　　　 / 159

10.3　公司估值预测　　　　　　　　　　 / 163

10.4　超短期预测　　　　　　　　　　　 / 168

10.5　现金流预测　　　　　　　　　　　 / 171

第 11 章　财务 BP 之预测最佳值　　　　　　　/ 177

11.1　有历史数据的周期性预测　　　　　 / 177

11.2　无历史数据的蒙特卡罗模拟测算　　 / 181

01

第一部分
财务 BP 基础

第 1 章
财务 BP 之相识

1.1 财务 BP 和财务分析、经营分析

提到财务 BP，很多人会联想到财务分析和经营分析，其实这三者有相似之处又有不同之处，表 1-1 为财务分析、财务 BP 和经营分析的对比。

表 1-1 财务分析、财务 BP 和经营分析的对比

	财务分析	财务 BP	经营分析
总体关系	你中有我，我中有你		
职能不同	以会计核算和报表资料及其他相关资料为依据，对企业等经济组织的各项经济活动等进行分析与评价	理解业务的商业逻辑，结合业务，给出专业的财务评估，让财务业务化，业务理性化，努力促成业务和财务双向融合，促进组织健康快速成长	利用会计、统计、业务等方面提供的数据信息，通过咨询方法和技术分析等手段，整合资源并合理安排生产经营活动以提高企业的经济效益
针对问题不同	发现问题	了解问题	解决问题
层次不同	停留在历史数据的分析层面，并不注重问题的解决	需要和业务部门沟通，站在公司整体的立场，探讨财务部门可以做出的建议和贡献	站在公司的立场，像 CEO 一样思考，需要和业务人员一起找到对策，共创解决方法
工作范畴	CFO 工程		CEO 工程

通过表1-1可以看到，财务分析一般是以会计核算和报表资料及其他相关资料为依据，对企业等经济组织的各项经济活动，如经营活动、投资活动等进行分析与评价，能帮助企业的利益相关方（组织或个人）了解企业的过去、现状，提供准确的信息和依据。

经营分析更像是咨询师，是利用会计、统计、业务等方面提供的数据信息，通过咨询方法和技术分析等手段，整合资源，做出预测与建议，并合理安排生产经营活动以提高企业经济效益。

财务BP则是财务组织模式的创新形式，全称是Finance Business Partner（即财务业务伙伴），它的工作内容的核心不是传统的财务核算，而是增加企业的价值。总体来说，财务BP和业务部门联系紧密，是一个既要懂财务，又要懂业务的综合性岗位。

相比于经营分析，财务BP就像医院的X光和核磁共振机，它从内部结构入手对企业进行仔细观察，对企业的部门、小组甚至重要个体的运营情况都能看得一清二楚。

而经营分析虽然和财务BP有较大的相似之处，但彼此的职能范围是不同的。总体而言，经营分析会比财务BP更加宽泛和高深一些。

财务分析则相当于一个"剪影"，是从外部来把握企业的整体情况。由于无法深入了解企业细分结构的运营情况，所以相比财务BP来说，财务分析的情况比较粗略，用一个词来形容的话，就是"隔靴搔痒"。也正是因为这一点，现在除了证券机构，很多企业已经渐渐地放弃了财务分析，转向了财务BP。

从历史发展来看，这其实是一种趋势。财务分析由美国杜邦公司率先采用，以净资产收益率为核心，将公司的经营效率以及财务状况全面地联系在一起，经过层层分解，逐步深入，构成一个完整的分析体系。

这套分析体系原本的作用是教人如何选择股票进行投资，但其在实际运用中有一个致命的缺陷：非常依赖于外部环境，而且是从历史的角度观察。它要求社会环境、经济形势相对稳定，并且要朝着越来越好的趋势发展，只有这样，我们做的财务分析才有意义。一旦外部环境改变了，尤其是在经济、社会都不稳定的情况下，除了财务以外的其他深层原因，用这套体系是难以看到的。由于不能把握经营的底层逻辑，因此无法有效预测未来。我们即便在历史数据和经验的基础上做出匡算，推算出模拟利润表和资产负债表，但想要在下一阶段运用这些分析去解决问题，就必须对一些基础假设的内容作修改——接着就会陷入修改的怪圈：一年改两次，一次改半年。也就是说，我们做好的财务分析在实际运用的时候已经失去参考价值了。所以，对于当前的环境而言，想要用财务分析来做预算，是不太可行的。

综合上面的分析来说，财务 BP 和财务分析、经营分析三者其实是"你中有我，我中有你"的关系，它们的内容既互相关联又各自有针对的方向。

1.2 财务 BP 的定位

了解了财务 BP 和财务分析、经营分析三者的关系，我们再单独谈谈财务 BP 的定位。

如前面所说，财务 BP 是财务组织模式的创新，因而财务 BP 的定位显得尤为重要。如果不能明确这一点，领导就无法准确地安排我们的工作，财务 BP 的岗位价值也就无法真正体现了。

在职业定位中，财务 BP 往往被定位成财务总监的接班人。翻看招聘网站，财务总监的岗位除了要求拥有扎实的财会知识储备，超强的分析、评估、决策能力，还要具备强大的经营分析能力，表 1-2 为某快消品牌上市公司的财务总监岗位的招聘要求。这些任职要求，很大程度上也是财务 BP 的工作内容。

表 1-2　某快消品牌上市公司的财务总监岗位的招聘要求

工作内容	任职资格
1. 主持公司财务战略的制定、财务管理及内部控制工作，完成公司的财务计划	1. 会计或金融专业本科以上学历，有注册会计师资格者优先
2. 利用财务核算与会计管理原理为公司经营决策提供依据，协助总经理制定公司战略，并主持公司财务战略规划的制定	2. 5 年以上财务管理工作经验，或 3 年以上快消品行业的财务管理经验
3. 制订公司资金运营计划，监督资金管理报告和预决算	3. 熟练掌握高级财务管理软件和办公软件
4. 对公司投资活动所需要的资金筹措方式进行成本计算	4. 出色的财务分析、融资和资金管理能力
5. 筹集公司运营所需资金，保证公司战略发展的资金需求，审批公司重大资金流向	
6. 主持对重大投资项目和经营活动的风险评估、指导、跟踪和财务风险控制	
7. 协调公司同银行、工商、税务等部门的关系，维护公司利益	
8. 参与公司重要事项的分析和决策，为公司的生产经营、业务发展及对外投资等事项提供财务方面的分析和决策依据	
9. 审核财务报表，提交财务管理工作报告	

为什么说经营分析能力对于财务BP如此重要呢？从前面的分析中我们也能看出，财务BP这个岗位的价值比普通的财务高得多。财务BP往往需要在财务部门和业务部门之间协调、沟通，是连接两者的桥梁，因为这一岗位还包含一些战略性的成分，所以需要比一般的业务人员更懂分析。

需要说明的是，这里的"分析"，并不是事后分析，而是事前分析。也就是说，某个业务能不能开展，和公司的战略是否匹配，不是由传统的业务人员说了算，而是由财务BP从更加专业的角度去分析，做出评估。财务BP这个岗位的人能够为公司的业务提供价值——咨询价值，这一价值并不会因为财务岗位的人工智能化而有所消减，反而是和人工智能并驾齐驱，共同驱动企业朝着更加良性的方向发展。

财务BP的工作内容，不同于传统的财务的产出财务报告、管理账簿、资金、税务等相关工作，而是侧重于预测、预算和经营这几项工作。

依照目前的岗位发展趋势，财务分析越来越向经营分析靠拢，而经营分析已经跳出了财务的工作范围，财务BP则是经营分析和财务分析中间的过渡角色。在财务总监的工作内容中，一个重要的部分就是提出经营建议，改进企业的经营状况。这部分的工作，恰恰是和财务BP或者财务咨询的工作内容重合的，这就是说财务BP有可能是财务总监继任者的原因。

除此之外，从近20年的职业发展来看，财务总监很多都是由公司的总账会计发展起来的，有的则是从税务咨询发展而来的，甚至还有的是帮助企业融资成功之后晋升而来……不管是从哪一方来看，经营分析都是其工作中的重要一环，这也是在岗位晋升中，经营分析能力被指定为财务总监岗位考核的一项重要参考指标的原因。

1.3 财务 BP 与财务总监对比

谈到财务 BP 和财务总监，有人问，既然财务 BP 和财务总监的工作有这么多的相似之处，那这两者又有什么区别呢？表 1-3 为财务 BP 和财务总监的比较。

表 1-3 财务 BP 和财务总监的比较

	财务 BP	财务总监
岗位定位	高级财务	决策层
工作属性	对内	对外
工作方向	一线和幕后兼具	侧重于一线

从表 1-3 可以看出，财务 BP 在本质上是一个高级财务人员，财务总监则是一个决策层的岗位。如前面所讲，有一部分财务总监是因为帮助企业融资成功才被提拔的，因此，财务总监对外的职能是这一岗位更加看重的，比如房地产、互联网等行业的财务总监，工作重心侧重于公司的对外工作。而财务 BP 的工作则更加侧重对内，比如需要协调业务部门，充当连接部门之间桥梁的作用。同时，财务 BP 需要在幕后为财务总监提供情报和数据分析等内容，比如一些重要会议，财务 BP 可能没有资格参与，往往是财务总监拿着财务 BP 做出的分析材料在会议上进行分享，财务 BP 只是充当创造和制作资料的幕后人员。

在这里和大家分享几个财务总监这一岗位必备的行业小规则。

（1）领导的信任度

财务总监的工作汇报对象一般是公司的总经理、董事会，如果企业领导对你有比较高的信任度，即便你在能力上有所欠缺，但只要能找到在业务上支持你的人——财务BP，你依然可以在财务总监这个位置上高枕无忧。因此，获得老板的高度信任对于做好财务总监工作是非常重要的。

（2）演说和交际能力

上面我们讲了财务总监的工作属性是对外的，这就使得这份工作会涉及很多台前演讲、交际应酬等工作，因而演讲能力成为财务总监的一项软实力。财务总监这一岗位的人才，有的具备投行背景，有的拥有融资经历，这些背景和经历，往往赋予了他们很好的演讲能力。财务BP的工作则主要是后台的分析、咨询工作，对于演讲能力没有特别要求，这也使得财务总监和财务BP这两个岗位可以实现台前和幕后优势互补。图1-1为财务总监和财务BP的工作对比。

图1-1 财务总监和财务BP的工作对比

总而言之，财务 BP 和财务总监在工作上既各有侧重，又能实现互补，二者强强联合，共同做好财务、经营等分析工作，推进公司的业务朝着更加规范的方向发展。

1.4 财务战略三角模型

财务 BP 在本质上是高级财务人员，是企业的财务高管，如果我们想理解和支持公司的业务，通常要掌握一些判断标准来评估哪些业务是合理的，哪些活动是可以得到企业资源支持的，这套判断标准就是"财务战略三角模型"，它包括市场份额、现金流和净利润。这三者往往呈现此消彼长的规律，具体以哪种为重，主要和企业的市场定位有关。

（1）市场份额

一些公司看中市场份额，往往采用先赔后赚的策略，这时，公司的现金流和净利润自然就减少了。现在很多互联网公司都采用这套做法，通过砸钱来抢占更多的市场份额。

（2）现金流

某些现金流比较好的企业，通常会占据一个小众市场的头部，由于这一领域的财务政策比较严苛，这类企业会放弃部分业务和机会，使得企业的净利润和市场份额不高，但是企业的现金流却表现很好，能保持正的现金流。

（3）净利润

以净利润为目标的情况也往往发生在小众市场。一些公司在追求净利润的时候对销售目标比较激进，这时，他们对客户的筛选相对比较宽松，收款的节奏也会放缓，在商业合作上，一些质量稍差、付款稍慢的客户，他们也会考虑合作，这样，在进一步提高公司收入的同时，也提升了公司的净利润。

了解了这些信息，可以帮助财务 BP 更好地理解公司的判断和决策逻辑，在做经营分析时，也帮助我们结合这套模型，为公司经营提出一些切实的判断和建议。

现在，很多公司都觉得在当前的环境想要长久地生存下去，比以前困难了，所以纷纷转型。对于公司而言，管理者必须先弄清楚，是要图现金流、市场份额，还是净利润。一个是面子，也就是账面上的东西；一个是里子，就是现金流。

财务 BP 可以借助这套模型，帮助公司建立核心竞争力或者提供一些咨询建议，让公司在小的领域中成为头部企业。这样做的最大好处就是可以在保证公司现金流的同时，也保证了公司的净利润。如果公司没能成为头部，经营就会变得相对困难，现在由于资本介入等原因，很多公司很难再进入头部，没有进入头部，也就意味着没有办法获得资本投资的机会，这时就需要财务 BP 想办法帮助公司寻找客户另外的需求，走小众路线，寻找另外的机会。

第 2 章
财务 BP 之业务

2.1　9 步法：快速了解公司的业务

一般而言，财务 BP 在了解了基本的工作内容之后，接下来要做的就是开始自己的工作，而财务 BP 的工作是从了解公司的业务开始的。

我们知道，一家公司的业务往往分为多个板块，不同的业务板块被划分给不同的部门，那这些部门是怎么开展工作的呢？我们又该如何了解呢？

在过去，人们的做法往往是通过粗略地浏览一下公司的合同，咨询一下公司有经验的前辈，或者询问人事部或者市场部的同事来了解这些部门的工作和业务，这种从细节层面考察得出的答案往往存在片面性和不完整性。

我自己也曾使用过价值链模型来评估，但是效果并不理想。价值链模型本质上是通过每一个环节来为产品或服务增加价值，从整体上来帮助我们掌握创造核心竞争力的方法。这一模型只能让我们了解公司业务中比较常规、通用的那部分内容，如果还想获得一些工作的细节内容，就比较困难了。

由此可见，无论是从细节还是整体，只从单个层面来考量，并不能帮助我们有效地开展工作，这就要求财务 BP 综合考虑整体和细节两个方面，全方位地去了解各部门的情况，只有这样，我们才知道如何对公司的业务做出准确的评估。

针对这一情况，我了解到比较实用的工具是企业画布，具体使用的步骤如下。

（1）做好定位

我们要明确客户能为公司的业务提供什么价值，以及公司能帮助客户解决什么问题。

（2）明确我们的客户画像

很多企业经营多年，但是始终没有明确的客户画像，这是不合理的。通常情况下，明确的客户画像，可以帮助挖掘客户的需求，完善产品体系，让后续的精准营销变得更加便利。

那么，什么是客户画像呢？通俗地来讲，就是给客户分类，图 2-1 为某手机品牌的客户画像。从个人属性上来说，主要是个人基本信息，包括姓名、性别、年龄、职业、家庭等；从行为上来看，主要是客户的属性或者消费能力，包括待开发、新客户、老客户、VIP 客户等；从社会角度看，主要是群体属性，包括职员和老板、学生和家长等。通过这些标签，我们可以筛选出目标客户，以此制定营销方案；借助标签，可以让营销广告的投放更加精准。在此基础上，我们对客户的行为进行跟进、复盘，让下一次投放取得更好的效果。

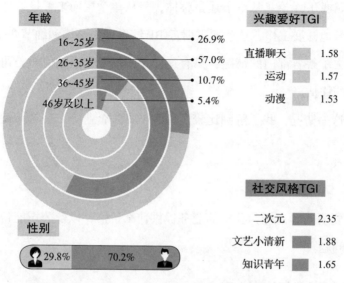

图 2-1　某手机品牌的客户画像

（3）界定产品的品类

在明确定位和客户画像之后，接下来要做的就是界定我们产品的品类。

从客户的角度来讲，品类是满足客户需求的途径，客户在物质利益（功能利益）和情感利益的驱动下才发生购买行为；从公司的角度来讲，我们所做的一切都是在为客户的需求服务，同时，产品在市场有没有话语权，反映在定价权上，领先市场的产品掌握着定价权，在市场竞争中的优势也就更加明显。因此，界定产品的品类，对于产品的研发、生产、销售至关重要。

（4）找到和触达客户

有的公司采用电话销售的方式来获取客户，这种方式其实是不可持续的，因为现在国家对于电信通信的监管越来越严格，大家对于隐私保护的意识也越来越强了，即便我们获取了客户的电话号码等信息，在层层监管下，想通过这种方式与目标客户进行大范围的沟通，以后会变得越来越难了。

我有一个朋友，他的公司就是完全依靠电话销售——先获取客户电话号码，然后不断给客户打电话，以此来开展业务。这家公司在年度结算的时候，分析报告中列出的经营成本，90%以上都是营销成本。通过这个例子我们知道，获取客户的方式一定程度上决定了公司的营销成本。

其实不仅是我这位朋友，国内很多公司，尤其是教育行业的公司，他们的获客方式普遍还是依赖于电话销售，这种方式的弊端就是成本高，转化率低。国外的情况则和国内相反，他们会把更多的时间和资金投在课程产品的研发上。

（5）联系和维护客户

客户的沟通和维护，主要有两种方法。要么是"功利主义"的硬推，即有需求的时候才用电话联系的方式对客户进行推销，要么是弱化商业目的，做"长期主义""以诚动人"，来增加客户的黏性。显然第二种方式更容易让你和客户的关系持久。

我的一位香港朋友，他的客户大多都是持续服务了数十年的，他是怎么做的呢？他对我说，选目标客户的时候，从来不以一次性客户为目标。他目前的客户很多都是从20世纪80年代就建立了联系，一直持续服务到现在的，他和很多客户都变成了好朋友，有的客户甚至把他当作人生导师，因为我这位朋友在客户遇到困难时，经常会给他们分享自己的经验和建议，这无形中让客户对他产生了依赖心理。

当财务 BP 帮助公司建立了客户画像，知道根据客户购买频率来维护客户之后，自然也就知道了这家公司获客的成本，这时候再匡算出市场需要的产品数量、单价，基于这些信息，我们也就知道单个产品的销售收入了。依据同样的方法，全产品线的产品收入也清楚了，再根据产品收入合理安排产品线，公司的收入结构也就理顺了。

总之，通过使用企业画布的方法，我们能快速了解企业定位的目标客户群，理解我们能提供的产品或服务，明晰分销渠道的效率，并掌握和目标用户建立良好的合作关系的方式，很大程度上帮助我们提供分析思路和分析入手点，从而提升拓展业务的能力以及效率，同时降低业务的拓展成本。

（6）聚焦主要的业务活动

如果公司的业务活动开展不顺，遇到瓶颈，会开经营分析会，讨论起来也是千头万绪，这时候财务 BP 可以使用前面提到的价值链模型，聚焦核心问题。对于能力不够无法做好的那部分工作，可以考虑外包或者使用一些自动化的工具来完成，尽量把精力和优势聚焦到价值最高的工作中。

（7）了解核心竞争力

有些企业拥有一些特殊的资质证书，如特许许可证等；还有的有政策扶持。俗话说，打铁还需自身硬，这些外部资源都不能成为企业长久的核心竞争力。

随着时代的发展，人们的生活水平的提高，选择也变得越来越多样，对于品牌、关系等的忠诚度自然也发生了变化。从长远的角度来看，一家企业最主要的核心竞争力不是过往的人脉关系、品牌忠诚度，也不是一些特许经营等政策的扶持，而是通过市场调研，不断革新自身的产品研发技术，进而推出迎合市场的产品，实现不断拉新、促活、扩充客户群。

(8) 重视合作伙伴

如果把一家公司的合作伙伴分为上下游两个层面,上游的就是提供各种服务的供应商,下游的则是产品的分销商、经销商,这些合作伙伴往往决定了一家公司的成本结构。为什么这样说呢?

我们知道,一家公司的成本结构主要包括固定成本和可变成本两个方面,它们的区别如图 2-2 所示。其中,固定成本是不会随着业务量的变化而变化的那部分,如人工成本、前期的设备投入、租金等,而可变成本会随着业务的开展而不断发生变化,如原材料的采购、电力的消耗等。

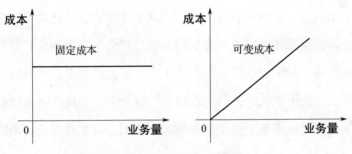

图 2-2　固定成本和可变成本

合作伙伴对于公司成本结构的影响主要体现在可变成本上,很多费用的支出是增加还是减少,和他们有很大关系。

拿上游的供应商来说,我们知道时装品牌 VERO MODA 的门店外是没有广告牌的,他们主要通过门店内部每年一换的装修来开展对外的宣传。由于装修不能像广告的显示屏那样随时更换新的宣传页,这时候装修会变得非常考究,需要对合作伙伴——装修队进行综合考量,比如施工的技术,采购的材料质量。还需要防范因为频繁更换装修带来的安全问题、营业问题,以及装修报备审批等问题,这一系列的问题都影响着成本的变化。

再看分销商。一家主营内容创作的公司,他们把创作好的内容发布到平台上，这时候就会涉及利润的分成问题，渠道分享利润占比多少，也就能看出成本的高低了。

因此，如果想要控制好成本，合作伙伴的选择是非常重要的，换句话说，做好合作伙伴的选择，也就控制好成本了。

（9）成本结构

在清楚了公司的主要业务、核心竞争力和重要的合作伙伴之后，就应该考虑公司的现金流向问题了。如前面所说，有些公司把资金花在了营销上，有些公司把资金花在了研发上，这是获客方式的差异。

比如国内的一家教育公司，他们的获客成本在逐年递增，因为他们主要通过电话营销或者通过以巨额的资金投放广告来吸引用户；海外同样有一家教育机构，他们创业团队只有数十人，但他们创造的产品内容非常丰富，这家公司的做法就是把创造的内容放到网上，让用户随意观看，然后在内容结尾的时候推送一条小广告来实现引流，因此获得了超高的市场占有率。

可以看到，国外很多公司倾向于把资金投到研发团队上，而国内大部分公司都热衷于把融资获得的资金砸向广告投放，在研发方面的投入远远不及国外的同类公司。这可能是一个理念问题，也可能是国内的环境所决定的，这两种不同的倾向，使得两方的成本结构也大为迥异。

结合第（9）点的成本结构和第（5）点的收入结构，就能看出一家公司的利润表的情况了。同时，在某种程度上，我们也能清楚地了解这家公司的利润和现金流的情况。

以上9点能帮助我们快速地把握不同公司的业务板块的优缺点，对于新业务的开展，也能有所助益。

2.2 如何判断公司业务的可行性

讲述了快速熟悉公司业务的方法，接下来我们谈谈如何判断业务的可行性，以便于财务 BP 对公司的业务线提出优化建议。

很多公司在接到新订单时，会要求公司开发新的业务线，增加这方面的投入，但其实有些订单是不利于公司发展的，有些甚至会打断公司正常的运营，把公司稳定的现金流甚至业务都带离正常的轨道。

比如一家公司的主营业务有两个，一个是演讲，即让职员去不同的学校做演讲，每场演讲会有不同的活动收入，参与的职员基本是 1~2 人，规模和活动的内容基本是固定的；另一个是组织会议，这项业务的规模、内容、频率都是不能提前预估的，而且每场活动的内容也不尽相同，这时我们该如何聚焦主要业务呢？

我们不妨来综合分析一下这两个业务。表 2-1 为这家公司演讲业务和会议业务的优缺点对比。

表 2-1　该公司演讲业务和会议业务的优缺点对比

	优点	缺点
演讲业务	①每月按时结账 ②物料简单、可重复使用 ③业务频率高	单次收入较低
会议业务	收入高	①结账不及时 ②业务频率和价格不稳定 ③人力成本高

第一个演讲业务，他们能每月按时结账，物料也特别简单，由于演讲的主题有时候是一样的，只是演讲的场所会发生变化，演讲物料即演讲的内容基本可以重复使用。此外，场地的工作人员对于演讲的流程非常清晰，不需要公司这边安排其他人去参与，因此只需1~2人即可完成工作。可以看到，这项业务的特点是结账及时，节约物料，成本较低，业务的频率也比较高。

第二个会议业务，他们开展的频率具有较大的不确定性，竞赛的场次和规模基本是主办方单独策划的，很难签订一个比较优惠的服务价格。这个业务的订单主要来自一家公司，什么时候有业务，什么时候结账，往往受这家公司的节奏牵制，有时候甚至出现一年一结的情况，同时，竞赛活动的开展需要较多的人力支持，每一场活动，基本需要他们公司80%以上的人员参与，有时甚至还需要请兼职人员。可以看到，这项业务的特点是收入较高，但人力成本高、不可控，且开展的频率和价格都有较多的不确定性，也不能做到及时结账。

通过对这两个业务的分析，它们孰优孰劣已非常清晰了。

和这家公司会议业务相似的还有海外订单。海外订单往往是"量身定制"的，即一单生产交付结束就很难再接着生产完全相同的第二单，但是为了生产这个订单，公司需要投入研发成本，修改生产工艺，还有诸如时间、人力等成本的耗费，同时，海外订单的账期往往在一年以上，一旦受理这类订单，公司的研发人员和生产活动都要为它单独改变。这种情况下，对于公司经营来说，是弊大于利的。

这时，有人问，既然这种业务有如此多的弊端，那是不是这种个性化的生产服务就不能开展了呢？

其实并不是这样，个性化的生产服务适合小市场、高利润的特点，所以还是要看公司怎样开展这种业务。

国外有一家名为Printify的公司,它在电商模式基础上,推出帮助个人卖家建立微品牌的电子商务平台,掀起了一场定制印刷热潮。

具体是怎么做的呢?如图2-3所示,在这一模式下,卖家从平台购得空白模板,然后在Printify内置的编辑器界面,根据自己的喜好,给服饰、贴纸、腰包、口罩、手提袋、背包等250多个类别,设计出有自己专属尺寸、颜色、图案的产品。产品设计出来之后,提交文件,再根据客户的订单地理位置来指定分配给最近的工厂来打印和生产。

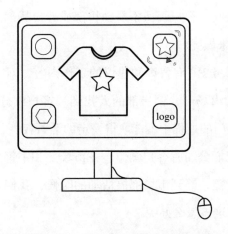

图2-3 Printify推出的新型印刷服务图

这套模式,从设计到订单分配的整个过程都是由机器来完成的,既满足了用户的个性化需求,还能节约设计、运输成本,可谓两全其美。

通过"竞赛业务"和"Printify"这两个例子,我们看到,一边是耗费大量的人力物力,一边是依靠技术节约人力物力,虽然同样是做个性化服务,两者孰优孰劣,一目了然。

因此,我们想做个性化的服务时,如果这种服务可以通过互联网的方式来完成的话，尽量利用人工智能，这样可以大幅降低我们的成本。此外，假如这种个性化服务还涉及线下的一些活动，那我们绝对不能在这些活动开展的时候把主导权让给合作伙伴，同时，我们的收入必须是提前入账或者尽快入账的。

2.3　3个维度：获取高质量的客户画像

在本章第一节，我们了解了可以通过制作客户画像来快速了解公司的业务和产品。有人问，客户画像不是销售部或者市场部的工作吗？为什么要由我们财务BP来做呢？

我们知道，财务BP有咨询和建议的工作内容，对于客户画像理解越深刻，就越能帮助市场部、销售部的人找到"客户细分"的盲区，这样，我们在引导业务部门的过程中就能取得一定的话语权。

也有人问，我们公司有客户画像，在市场部和销售部也都能看到，但是客户画像比较粗糙，等到市场部搞活动的时候，我们才知道，客户的需求是非常细致的，这该怎么办呢？

我曾见过一家互联网细分领域的头部公司，这家公司的销售人员能说出他们公司的客户大概是什么样子，但真正在部门开展业务活动的时候，还需要做大量的客户调研和研究工作，这就说明他们对客户画像的理解并没有特别深刻。这时候，就需要财务BP来给他们提供专业的建议了。

那么，我们要如何才能拿到比一线的业务部门更加精准的客户画像呢？表2-2为获取客户画像的三个角度。

表 2-2　获取客户画像的三个角度

老板	最了解获客方式，最有价值
售后人员	帮助定位产品缺陷
销售人员	熟悉不同类型的客户，帮助丰富客户画像

首先，可以从老板那里获得。这是最有价值的获取方式，因为老板一般是公司的创始人，他最清楚客户是如何获得的，真心愿意付费的客户有哪些特征。

其次，可以从售后人员那里去了解。在售后部门，我们能看到他们是如何维护客户，以及了解客户投诉和丢失的情况，尤其是客户的投诉对我们最有帮助，因为恰好是这些投诉最能反映出我们的产品、服务的缺点和对客户认知的盲区所在。正如一句俗话说的，叫好是旁人，褒贬是买主。所以，在售后人员那里，我们可看到真实的客户画像。

如果有一天我们做到产品涨价了，但客户依然还为产品买单，那就说明我们的客户画像做得非常成功了。

因此，我们把客户画像作为财务 BP 的一项重要的工作内容去做，是非常有必要的。

最后一种方法是从销售人员那里获得客户画像。销售人员和客户往往需要直接面对面沟通，有时候往往是一类销售了解某一类客户人群，因而销售人员对于这类客户的信息、喜好是最为清楚的。所以，我们可以选择不同类型的销售冠军去采访，透过不同的销售人员，我们可以从中了解不同的客户、不同的诉求以及共同的需求情况，从多个角度来丰富我们的客户画像。

以这种方法做出的客户画像，会成为财务 BP 非常宝贵的资料，相信很多部门都会争相前来咨询。

2.4 8个方面：让降本增效更出彩

财务 BP 在了解了公司业务和客户画像之后，就可以准备为公司降本增效建言献策的工作了。

总体来说，降本增效是一个财务和业务融合的工作，以前人们在开展这项工作时，往往是从财务报表上入手的。不过，如果只通过做财务报表就想要取得实质的效果，是远远不够的，因为财务报表能提供有价值的信息实在是太少了。

比如，某公司财务 BP 小王通过财务报表和老板说，公司的管理费用、办公室的房租、员工的费用都很高，需要从这几个方面着手平衡开支。老板就问，管理费用、房租、人工费用很高是怎么造成的呢，又该怎么解决呢？小王站在一旁，看着手中的财务报表，支支吾吾地答不上来了。小王回到办公室，觉得很委屈。

之所以会造成这种尴尬的局面，是因为小王虽然很努力地做出了财务报表，但是财务报表只能为财务 BP 开展降本增效的工作提供一些线索，只能作为参考，如果要真正为降本增效提供解决方案的话，还得"另谋出路"。那小王应该怎么开展这项工作呢？

其实，对于大部分财务人来讲，如果只是拘泥于财务报表，只能得出一些无关痛痒的结论。而对于老板来说，这些无关痛痒的问题，他们其实早就知道了，怎么把问题解决，才是他们最为关心的。

像小王这种隔靴搔痒，不能从本质上解决问题的做法，很容易让财务 BP 自身产生挫败感，他们会觉得自己努力做的工作没有成效，自己在这一岗位上的价值就得不到体现，但其实说到底，还是他们自己没能理解降本增效的底层逻辑。

虽然有的企业总是把"转型"挂在嘴边，但往往在有机会转型时瞻前顾后，缺少了行动的魄力和破釜沉舟的勇气，而没能行动，就好比人做心脏搭桥手术一样，在没到崩溃的临界点时，没有人会去尝试。

下面介绍一个降本增效的方法——卓越运营。

什么是卓越运营呢？在20世纪七八十年代，日本为了迎合当时的经济发展形势，实行了一系列以财务管理制度为中心的财务战略，比如组织机构精干化、人事系统合理化，以产品研发为中心的研究开发战略等。经过一系列的改革，衍生了一系列的经营战略，其中就包括日本丰田公司大野耐一创立的"准时制生产"。后来，日本因为物美价廉的商品攻入美国市场，"准时制生产"模式也随之流入，并被美国企业经营者广泛运用，在80年代，形成了风靡全球的全面质量管理体系（TQM）。其后，经过各企业的多方实践和研究，终于在20世纪90年代形成了卓越运营模式，并把原本在制造业成效斐然的卓越运营模式转嫁到服务行业。其核心理念就是"减少浪费"。

在我看来，95%的公司都可以使用卓越运营模式来提升公司的运营效率，并不局限于制造业和服务业，尽管这套模式是由制造业发展而来的，但它在服务业中也有对应的应用场景。由于卓越运营的应用前提是在业务、客户等不做较大调整的前提下，只对内部运营效率做改善，属于"微调"，所以主要从减少"浪费"作为着手点。关于"浪费"，不仅是体现在有形的物料、空间浪费，包括无形的人员的闲置、错配，还有操作程序中的浪费，比如残次品返工、设计理念错误等。所以"浪费"形式多样，普遍存在于企业各个部门的每个角落。为了便于记忆，我们可以将"浪费"的表现形式，用八个英文单词的首字母来表达，就是DOWNTIME。具体来说，就是：

D-Defects 残次品

O-Overproduction 过度生产

W-Waiting 等待

N-Not utilizing talent 无形的人力错配

T-Transportation 搬动和移动

I-Inventory excess 准备用料过多

M-Motion waste 信息不同步

E-Excess processing 过度投入

那卓越运营具体是如何来运作的呢？主要可以从以下 8 个方面来应用，如表 2-3 所示。

表 2-3 卓越运营的 8 个方面

卓越运营关注的 8 个方面	主要表现
残次品（D）	产品型号不对应，产品质量不达标等
过度生产（O）	产品生产过剩，库存大量积压
等待（W）	排队等候，生产的不同批次需要等待，流程审批长
无形的人力错配（N）	人力资源的浪费，任务分配不合理
搬运和移动（T）	供需难以及时衔接
准备用料过多（I）	需求预估不准确
信息不同步（M）	孤立地搜集信息，管理制度不完善
过度投入（E）	在某一领域的投入过多，形式主义

（1）残次品

即在制造业生产的每一个环节中，上游给下游提供的产品型号是不对的，或者说是质量不达标的产品。残次品会造成什么样的影响呢？导致后续的生产工序延迟甚至是返工。

某领域头部的一家代理记账公司，他们把获取客户细分为数个环节，第一个环节是接触客户，进行材料清单的交接。有时候，他们没等材料清单交接清楚就马上进入下一个环节，这种"萝卜快了不洗泥"的做法，为后续的工序埋下了隐患，这些隐患会在后面的环节中暴露出来，严重影响了整个项目的进程。

还有一家公司，他们在做宣传材料时，直接复制了竞争对手的宣传资料，甚至还带有对方的 logo，等到公之于众的时候，就闹出了笑话。

从上述两个案例可以看出，残次品往往是从一开始就发生了需求错误而没得到及时的纠正，或者说是从一开始到后续的各个验收环节把关不严导致的，从表面上看，这是一件很简单的小事，却是一种非常普遍的现象。要改变这种现状也很简单，我们可以从一开始在需求上做到简单清晰，同时严格把关每一个交接环节，只有这样才能避免残次品的产生。

（2）过度生产

在制造业中，过度生产主要体现为生产远超订单数量的产品。这是一种很常见的现象，一些人为了"以防万一"以备不时之需，会准备比订单数更多的原材料、零部件，然后生产出超额的产品，但实际上在订单成交之后，这些产品因为上一个订单结束，下一个订单遥遥无期或者转换合作而囤积在仓库，被浪费了。

比如，某服装公司做店铺装修时，每次都会准备很多的物料。和设计人员打过交道的人都知道，设计每次都会更新版本，下一次的设计尺寸规格、材料样式和上一次不能完全匹配，这就造成浪费了。

他们为什么会这样做呢？因为他们没有选择一家合适的施工队，即供应商，如果选择了一家好的供应商，每次需要准备多少物料，是可以预估的，这样就能大幅减少施工用料了。

再比如，某大型服务公司的员工小李在和上级汇报工作时，汇报的 PPT 文件内嵌了 1000 多页的说明，这 1000 多页的内容中还附有网页链接。领导问小李为什么放了这么多内容，小李回答说是为了领导在提问的时候，能及时地找到答案。后来领导告诉小李，使用 PPT 的话，如果发现里面的内容出错，需要耗费很多的人力物力去修改，这个问题其实用商业智能 BI 就能解决。

通过上面两个案例，我们可以看到，财务 BP 在提建议的时候，应该找到问题的关键点，这个关键点，有时候是源头，有时候是执行中的某个环节，同时，可以合理利用一些智能工具，减少不必要的消耗，提升工作效率。

过度生产和上面的残次品不同，残次品是需求错误，而过度生产是需求不明，使得准备或者生产过剩。

（3）等待

在生活中，等待的表现就是排队等候；在制造业中，等待表现为生产在不同批次之间的转换；在服务行业中，等待是一些流程或信息卡在某个单位、某个部门或者某个人上，没有办法及时地传递到后面的一个环节。

比如，在生活中，以前我们需要站着排队才能达成我们点餐、付款的需求，现在我们有了更为便捷的小程序、二维码等线上工具，来代替线下长时间的人力排队，这是生活中信息传递问题的解决方案。

对于财务 BP 工作而言，ERP 则是解决企业内部信息传递受阻的一个比较便捷的工具，至于如何使用这类软件，我们在后面的章节会详细讲述。

（4）无形的人力错配

人力错配主要表现为两个方面。

一是人力资源的浪费。对于我们普通工作者而言，开会可能已经司空见惯了，但其实开会一直是一件让人头疼的事情。

通过调研发现，目前很多企业的会议都是人才浪费的重灾区，会议开展的普遍现象是高管参与多，成效也很差。

人力错配的第二个表现是任务分配不合理。比如说，一个任务同时分配给了好几位同事，他们同时在做同一件事，最后开会讨论的时候才发现，"原来我也在做这件事呢！"，这就是人才的一种浪费。

再如，一些公司要求员工写日报和周报，有时还开会总结，需要占用很长的工作时间。在一些大公司甚至还能看到一种现象，如果不是开总结会，领导甚至会忘记有这样的部门存在。这也说明，这家公司要么是组织架构出现了问题，要么就是人才配置出现了问题，使得员工的价值不能很好地展现。

（5）搬运和移动

在制造业中有一种现象，叫作"前店后厂"，这是为了生产的产品能够快速供应到市场。他们是怎么做的呢？一些制造业厂家会把自己的工厂甚至研发中心放到离客户最近的地方。

比如现在很多早餐店，前面是卖包子、馒头的店面，后面则是制作包子、馒头的工坊，这样，前面卖完的早餐品种，后面工坊可以立刻补上。此外，现在很多自助餐厅也采用这一模式，在前部的餐台有人观察菜品的拿取情况，并及时通知厨房及时供应，实现了供需及时衔接。

无独有偶，在一些服务行业的表现更加明显，有些公司甚至让员工直接到客户公司现场办公。

比如北京的一家大型软件外包公司，他们的老板对财务 BP 小金说，公司的管理费用太高了，目前办公室 80% 的办公桌都是空的，能不能想办法把办公场地的费用降一降。小金说，可以减少办公场地，即通过清理一些办公桌位来降低管理成本。那么，问题来了，需要清除谁的办公桌位，又需要清除多少张办公桌位呢？小金给出了一个方案，由于公司打卡是采用刷门禁的方式，所以可以根据打卡记录来查看员工打卡情况，根据打卡记录，把半个月、一个月内打卡较少的人群做一个梳理，针对常年在外的一些外勤较多的岗位，可以适当减少这部分的工位，给这部分人补发一些办公补贴。这样，办公场地的面积就减少了，管理费用也得到一定程度的降低。

以上都是为了减少人员空间的移动和距离，有效降本增效的方法。

（6）准备用料过多

用料过多本身不是一个问题，问题是库存的管理能不能跟上用料的消耗。

比如北京某生鲜超市，每天都购进货物，平均每天补货三次，但是都能做到当晚就把库存清空，这就是购货量和库存控制做得好，能够保证当天的商品当天售完。而同区的另一家大型超市，因为库存管理做得不好，总是出现菜品堆积的现象。我们知道，放得越久，菜色品相越差，然后就没人购买了，这就是订货量存在问题。

对于超市来说，某类商品存货过多，没有及时卖出，往往说明对于需求预测不准确，这时就需要财务 BP 帮助采购部门做好需求预测，同时还能协助做好制定采购方案的工作。

（7）信息不同步

在日常工作中，我们会遇到很多需要登记信息的工作，但如果做了登记，这个公司又没有及时把信息录入系统，做好信息的统一管理，就会使登记的信息变成一座座分散的孤岛，也很难分辨信息的真实性和完整性。此外，如果我们想翻阅某个信息或作修改，这时候可能会有大量的搜捡、找寻工作。这时候，能帮助我们做好信息同步的协同工具的重要性就体现出来了。

使用协同工具来做好信息的同步，在财务 BP 的工作中是必不可少的。试想，在后续的信息采集、存储、调用，以及做报告和发布等经营分析工作的环节中，有一个信息库可以任你调用，这减少了多少工作量呢。

不过并不是说做了信息同步就万无一失了，这还涉及一些流程问题。

比如，我曾见过一家公司，他们花了大量的人力和资金来做 ERP 系统的建设，ERP 系统自动化程度很高，同时还和采集信息的系统进行了集成，一定程度上给财务 BP 减少了工作量，但效果却不是很理想。这是为什么呢？通过调查这家公司的信息搜集过程，我们发现在这家公司中，有一半的门店是把信息记录在纸质文件上的，而另一半门店则是直接录入系统的，使得信息搜集出现分化。没有及时录入系统的那些门店，每次的信息调取都需要耗费大量的时间和人力，即便后面把纸质文件上的信息录入系统了，也发现有很多信息和系统里的是重复的。

因此，信息同步不能只浮于形式，还需要建立完善的流程制度，确保信息搜集的流程化、规范化。

（8）过度投入

某科技公司的人才构成以技术型人才为主，这些技术工程师工作时有一种品质，就是容易在某些产品的设计上追求精益求精，但有时候这项品质也给工作带来了负担，比如，圆珠笔笔帽要设计按多少次才会到达报废的临界点，但实际上在使用的过程中，消费者从购买到用完再到丢弃，按的次数远远达不到设置的数值。这是在对市场需求不明晰的时候，这家公司在某一领域做过多的研发和投入的缘故。

还有一种是流程的内控。在日常工作中，常常会听到有业务人员吐槽财务BP，说设置这个岗位就是来阻碍他们开展业务的，因为一些财务BP在流程内控时，会制定很多规范，但有些流程可能在实际工作中并非是必要的，加入进来之后，反而加重了工作负担。所以财务BP在制定流程时，要充分考虑实际情况，减少不必要的负担。

以上这8个方面，相信大部分公司都能从中挖掘出适合自己的"降本增效"的方法。不过，值得一提的是，一旦真的决定在公司部署降本增效战略，就不可避免地会触动一些人的利益，就比如在第（4）点中我们说到的，尽管有些部门由于组织架构等原因，在公司可能是可有可无的，可一旦需要优化的话，这些小部门可能会第一个站出来阻止。

此外，我们使用卓越运营来对公司进行降本增效，如果是一些小的修改，如员工培训、考核方式的改变等，自然无可厚非。但有些涉及流程的转变，或者需要做一些系统的调整，这时候就可能需要调整公司的组织架构了，一旦行动起来，往往是牵一发而动全身，这时候我们就需要采用变革管理的方法，比如 7S 模型等。还需要考虑取得高层的支持，就如第（5）点的案例中讲的，如果需要缩减办公场地，就可能会有裁员的情况。所以，有时候财务 BP 提出了一些建议，但未必需要立刻实施，而是需要经过上级开会讨论之后才能决定。不过，不管怎样，卓越运营是做好经营分析或者财务 BP 工作的一个重要法宝。

2.5 安索夫模型：企业获利的 4 种选择

财务 BP 作为企业的高级财务管理人员，在公司遇到发展瓶颈或者需要寻找新的商机的时候，往往需要出面建言献策。这时候我们应该怎么办呢？这里介绍一个经典的模型——安索夫模型，包括这一模型的变形以及延展。

什么是安索夫模型呢？安索夫模型又名安索夫矩阵，它是由策略管理之父——安索夫博士于 1957 年提出的。图 2-4 为安索夫模型图。

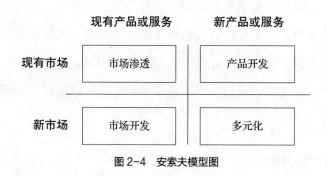

图 2-4　安索夫模型图

安索夫模型是以产品和市场为基本面，以 2×2 的矩阵代表企业获利成长的 4 种选择。财务 BP 可以根据安索夫模型，结合本章第 1 节提到的企业画布的 9 个步骤，管理者的决策过程可以从凭感觉做决策变为按可视的框架做决策。

下面我们着重介绍安索夫模型中，企业获利的4种选择。

(1) 市场渗透

顾名思义，就是公司不做新产品，也不开发新市场，以现有产品或服务，在现有市场中努力耕耘，努力提高市场占有率。比如北京的旅游景点护国寺有个叫护国寺小吃的品牌小吃店，由于它的经营重心是树立品牌，它的产品虽然有各类小吃，但这个品牌的市场重心不是追求产品的创新，而是定位于旅游区或者居民区等人流量密集的地方，以物美价廉的产品，在市场中获得一席之位。

做市场渗透可能会给人"容易做"的表象，但实际上依旧要对目标客户群体进行大量且深入的研究、分析，而做好这些研究、分析，远远比花钱买客户的行为要有效得多。

(2) 市场开发

市场开发不仅仅是开拓新市场，还涉及渠道的拓展，比如我们的产品是视频，在国内，中等长度的视频可以选择在B站、西瓜视频发布，短视频可以选择在抖音发布，而对应国外的就是YouTube，这就是不同的渠道。针对市场开发，主要是通过在新市场中调整产品定位或者优化销售方法来开发新的客户。

(3) 产品开发

财务BP做客户分析和经营分析的时候，对客户的理解越深刻，就有更多的机会传递我们对产品开发的建议。比如，同样是旅游景区，我们要如何开发来北京旅游的游客呢？首先我们可以确定，游客的总量基本是稳定的。其次是有很多游客其实已经有过在北京旅游的经历，让他们再次来北京的理由是什么呢？可能是出差、走亲访友、寻医问诊……这就有一个问题，他们完成这些计划之后，剩下的时间又会做什么呢？这时候就催生出一个小的旅游业务领域——商务深度游，财务 BP 在给出产品开发建议的时候，就可以提出针对特殊人群开展一天或者半天的商务深度游。产品开发主要是在现有市场中推出新产品并逐步提高该产品的市场占有率。

（4）多元化

多元化是指在新市场中，通过拓展销售渠道，优化销售方法，优化产品技术等方面，综合提升产品效能和市场影响力。针对新产品和新市场，其多元化可分为两种。

一种是在新市场中，以不同的新产品和服务，来吸引更多的用户，另一种是给张三、李四提供相同的产品和服务，其中，给张三的产品和用户有比较高的相关性，给李四的产品则可能是一种衍生物，这种衍生物和给张三的产品关联性不强。那么，什么是相关性和衍生物呢？

相关性可分为两种，其一是向上游和下游发展，比如时装品牌 VERO MODA 的运营，上至店面装修、服装产品的打磨，下至员工的培训，都由他们自己内部完成，这种运营方式的好处是产品的质量有保障，同时还能把定价权掌握在自己手中；北京的全聚德烤鸭也是如此，他们的运营方式是活鸭养殖和配菜种植一体化，兼顾上游养殖和下游产品制作和销售。其二是向周边延展，比如文房四宝笔墨纸砚是四种不同产业链的产品，某培训师进行授课培训的同时，还向学员售出相关的软件、工具等周边产品。

这其实是一种生态的运营，公司的各种产品均可以适合真实的生活环境，比如小米的生态系统，它是以手机为中心，向外辐射手机周边、智能硬件、生活耗材等领域的多层级、综合性的生态圈。

我们再说说衍生物。衍生物和用户没有直接关系，比如汽车制造业中，一家公司卖给用户一辆汽车，但在用户使用过程中，汽车的行驶数据被厂家收集了，然后又转卖给了保险公司，保险公司拿到数据之后，作为对这一用户的驾驶行为的评判依据，如果评判这个用户的行为比较稳健，那么车子的保费在第二年可以再降一降；如果保险公司评判这个用户的行为比较激进，那就可能在第二年上调该用户的保费，这种情况下的数据就是衍生物，只不过这些是没有经过加工处理的。另外有一些是经过加工的，比如我们常说的卖品牌，即在一个品牌做出名气之后，品牌拥有者把品牌让渡出去做加盟店。

此外，我们可以看到数据是一种非常重要的资源。比如我在一个App里看了一篇介绍产品的文章，当我打开另一个App时，这个App立刻给我推送了这个产品的购买链接，由此可见，这两个App之间存在着数据的交易行为。

这类衍生物还有很多，从这些衍生物中可以看出，无论我们是做经营分析还是做财务BP，在产品开发的路上，有很大的空间可供我们去做客户需求的深度挖掘。这也说明想要做好市场开发，无论是从新市场入手，还是立足旧市场，最基本的还是要在客户理解上多下功夫。

2.6 设计业务方案：利用好"十字象限模型图"

我们知道，财务BP在帮助企业转型或者寻找新的商业模式的时候，往往需要设计业务方案，这时候其实是可以借助很多工具和方法的。下面分享一个十字象限来帮助大家厘清企业业务的方法，图 2-5 为企业收入十字象限模型图。

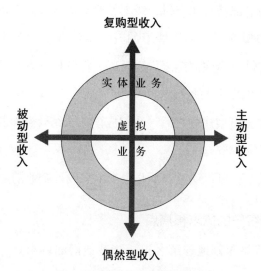

图 2-5　企业收入十字象限模型图

通过十字象限图我们可以看到，企业的业务主要分为实体业务和虚拟业务，企业的收入可分为复购型收入、偶然型收入、主动型收入和被动型收入。那么，如何使用这个十字象限模型图呢？

我们可以把这个模型图和公司的收入情况相结合：如果一家公司的业务大部分都集中在上方的复购型收入上，且是实体交付形态，在其他象限的收入占比很少，这就意味着这家公司的主营业务收入受到时空限制很明显，维护好老客户是关键，比如餐饮行业等。

一般而言，和主动型收入相关的业务往往需要投入更多的人力物力，比如开展一些项目活动，通过这些业务活动获得的收入就是主动型收入。被动型收入涉及的业务往往和无形资产有较大的关联，这类收入主要通过出租设备、出租一些无形资产、出售一些数据或者品牌冠名等来获得。

需要注意的是，当财务 BP 设计业务方案时，还需要标注清楚哪些是虚拟产品，哪些是实体产品，或者哪些是虚拟交付，哪些是实体交付。比如，餐饮业务基本都是实体交付，线上教育只需要通过观看视频的方式达成交易，属于虚拟交付；由于线下的教学培训要组织各类人员和占用场地，属于实体交付。标注清楚之后，可以方便我们在每个象限中针对业务需求，逐一填写可以设计的产品。

有人问，这套模型建好之后，我们应该怎么结合这个模型来设计企业的业务方案呢？

借助这一模型，可以通过以下几个步骤来设计企业的业务方案。

（1）理解客户的需求和痛点

我们首先需要深刻地理解客户，清楚他们的诉求点，才能设计出好的产品方案。这点和我们在本章第 1 节的企业画布的第（1）、（2）点是一样的。

（2）做一个产品的样本或者模型

通过调研，搜集反馈意见；也可以做一个小型的测试，通过多次的、小范围的测试，来获得用户的反馈和意见。如果反馈达到预期效果，就说明用户的需求调研工作是做得比较理想的，这时候就可以进行后续的大规模生产了。

（3）扩大生产时，尽量把边际成本控制到最低

这时候，通过结合模型，我们会注意到很多的被动收入，比如利息收入、版权收入等，能扩大我们的销售量，并且不会增加交付成本，也不会影响公司对于研发、物流、销售、人力等方面的投入，反而对做项目拓展

等主动型业务方面会有比较大的影响。因此，一家公司的边际成本越大，越不利于增加公司的销售量；边际成本越小，越有利于公司业绩的快速增长。

（4）对设计方案不断进行修正

以上是涉及企业业务方案的4个步骤。现在结合边际成本，以及虚拟交付和实体交付这几个因素，分别谈谈4个象限对应的业务收入的具体内容。

复购型、被动型收入。这类收入中，实体交付的有房租，虚拟交付的有银行的利息、加盟费以及一些组织的会员费等，另外如网课的边际成本低，虽然不像房租和利息的边际成本几乎为零，但它的交付形式是虚拟的，一般来说，这种形式有利于业务的快速增长和产品的快速销售。大家知道，在虚拟环境下的交付是不受时间和空间限制的，从收入层面来讲，虚拟交付的业务和公司的发展息息相关，这也是国家推行数字产业的原因。

复购型、主动型收入。在国家层面来看，这类收入是农业、制造业和服务业的主要收入形式，比如前面提到的全聚德烤鸭，活鸭的养殖，烤鸭的制作，大葱等配菜的种植等都属于这类收入，特点是受时间空间的影响比较大，特别在餐饮和旅游行业中，用于交付的服务虽然是无形的，但需要人力、物力、财力等多方面的投入。由于企业的大部分业务都属于这一类型，所以要研发这类产品，需要尽量从被动型企业复购的角度来考量。我目前知道的一个比较好的研发方向就是数字型的衍生品，一些企业利用自己掌握的数据，对它进行二次开发，从而实现企业转型。

偶然型、主动型收入。这类收入主要包括公司有一些不得不做，但是边际成本又比较高的业务收入。比如国内的某制造型企业接到一批海外订单，需要生产一种特殊工艺的工具，但是，这批订单里的每个订单给这套工具定的标准是不一样的，每个订单在研发阶段需要单独投入研发资源，在生产阶段需要走不同的程序。这批订单在表面上看是主动型的复购，但由于标准不一致，这批订单在实际生产中，很多资源没办法重复利用，所以这批订单带来的收入，在本质上属于偶然型、主动型收入。针对边际成本过高的业务，我们在最初选择的时候，应该做多方衡量，控制好现金流，避免过多的投入，造成资源浪费，给公司增加成本和负担。

偶然型、被动型收入。一般来说，这类业务并不常见，比如只有在业务平缓期，公司才有设备租赁的计划，会临时把一些设备对外出租。

总体而言，任何一个企业的业务，大致都能通过这4个象限来进行归纳、分析。财务BP在判断的时候，可以利用财务知识，通过结合本章第一节讲述的做好企业画布的9个步骤，先确定我方诉求，然后把如何确定客户，如何扩展业务，如何交付，需要涉及哪些业务活动等问题，以及成本和收入都列出来，再结合上面的十字象限模型图，把每个象限中可能出现的产品形式和商业机会列出来，并且模拟出它的利润表，这样我们就能清晰地看到哪些业务适合开展，哪些不适合开展。这时候，针对不得不开展的业务，我们会呈现什么样的财务状况，相信财务BP已经心中有数了。

2.7 如何做好业务访谈

从本质上来说，财务BP和财务经营分析人员都扮演着咨询师的角色，工作的开展往往要从了解公司一线部门的业务情况开始。因此，访谈是我们开展工作的重要一步。

有经验的财务BP都知道，访谈虽然可以让我们从中获取一些有价值的信息和情报，帮助我们直接掌握一线部门的业务情况，但访谈这项工作其实并不好做：访谈次数多了，不受业务部门待见，使得后续的工作很难开展；访谈回来准备着手做经营分析的时候，经常会发现得到的信息对于工作并没有帮助，因为拿回来的信息实在太浮于表面了。试想，没有深度的内容，怎么能做好经营分析呢？

之所以会遇到访谈信息失效的情况，一方面是公司内部的某些人存有私心，他们不希望真实情况被经营分析暴露出来，另一方面是财务BP自己没有掌握访谈的机巧。这两个因素使得我们的访谈工作"失效"了。

那么，我们要如何才能做好访谈，拿到切实可用的信息呢？

首先要做到"名正言顺"。

针对私心问题，财务经营分析就像是黑暗中的火把，把这些人的问题照得无处遁形，同时也暴露出他们的弱点所在。不过，对于他们来说，与其怀揣"秘密"，让自己惴惴不安，整天担心被曝光，不如有人来帮助他们化"秘密"于无形——把问题解决是他们更加期待的。

因此，我们应该抱着去给他们解决"问题"的心态去一线部门开展访谈工作。顺着这一思路，可以先和他们的负责人打好招呼，明确目的、时间、地点、对接人等相关信息。

其次，要和对接人建立信任关系，方便后续的谈话和沟通。

那应该如何和对接人建立信任关系呢？这里分享一个建立信任的技巧。

第一步，和对接人交谈之前，先找一个私密的会议室，让访谈在一对一的情况下进行。这样做的原因，一方面可以防止"隔墙有耳"，毕竟很多"私密"不胫而走就是开放的谈话环境导致的；另一方面是我们常见的一种情况是：人多好办事，但不好说话，人们习惯于把真话都放在"私下"说；再者，私密的环境，可以营造安静、安全的氛围，让对方减少顾虑，能安心地把内心的想法一一吐露出来。因此一定要先预定一个一对一的、相对安全的谈话环境。

第二步，确立环境之后，给对接人打好谈话前的"预防针"，让对方知晓我们的目的不是来"找茬"，而是为了帮助他解决当前遇到的痛点问题的。让他们对我们有所求，有所需，我们才能在谈话中得到有价值的信息。图2-6展示了两种不同的谈话方式产生的截然相反的两种效果。

图2-6　两种不同谈话方式产生不同的效果

不过，这个方法虽然大概率能让你的对接人与你建立信任关系，但并不是每个人都那么"好说话"，比如有些人不善言辞，或者自我保护意识比较强，对于不熟悉的人，他就是"守口如瓶"，不愿多说。遇到这种情况，我们该怎么办呢？或者说该怎么避免发生这种情况呢？

这种情况下，你需要提前准备好候补方案：让你的对接人来给你推荐一些采访人，这些人最好是如下两种类型的人。

一类是"刺头"型的人。什么是"刺头"型的人呢？"刺头"型的人具有强烈的个性，有独立思考问题的习惯，能经常发现组织内部不合理的地方。他们往往是发现问题之后，想改正但力不从心，因此把想法隐藏在心，我们找到他的时候，只需要稍加引导，很容易就能获得他内心的想法。这类人有三个好处，一是发现、暴露的问题比较明确，二是本人具有很强的倾诉欲，三是发现问题的角度往往比较独特。

另一类是"灰狗"型的人。"灰狗"型的人是一个可遇不可求的访谈对象，他在公司的位置往往并不是很高，但具有敏锐的观察力，对公司的情况，尤其是某些事件的情况，人与人之间的关系等都了然于胸。"灰狗"往往守口如瓶，一般不会轻易向别人吐露消息，否则他周围的同事也不会允许一个这样的人存在了。假如访谈的时候，我们能从"灰狗"型的人身上得到一些信息，不仅可以验证我们从对接人那里得到的信息的真伪，还可以弥补访谈后得到的信息不足等问题。

第三步，保护我们的"线人"，保护好采访者的隐私。只有这样，以后再去采访他们的时候，他们才会乐意继续向你反馈真实的情况，否则就不会有人再相信你，而你想要从访谈中获得公司暴露的问题和细节信息，就不太可能了。

当我们搜集到丰富的材料和信息之后，接下来就是着手准备提炼和分析成功关键因素的工作了，成功关键因素是财务 BP 后续做指标体系等工作的一个判断依据和筛选工具。

2.8 如何判断问题的根源

在本节中，我们主要讨论如何确定企业问题的根源。

我们知道，定位企业经营问题，帮助解决企业的财务问题，是老板设立财务 BP 岗位的本质原因。其中，财务问题，也是财务分析中饱受诟病的问题，比如，财务 BP 小王发现公司某项业务的费用比较高，需要降低某些费用支出。小王推开老板办公室的门，和老板汇报了这件事。老板问需要在哪个环节控制，需要怎么控制或者解决。小王说，这需要咨询业务人员，他们对这些细节最熟悉。老板一听，生气了，让小王回去好好想想，尽快给出解决方案。

从小王的经历可以看出，作为开拓者和经营者，老板在一些问题的感知上，比基层人员更加敏锐，可能在我们发现问题前，他就已经知道公司存在这个问题了。因此，老板真正关心的并不是哪个地方出现了问题，而是需要财务 BP 给出解决问题的指导意见，让公司不再受这种问题的困扰。

通过这个案例我们可以知道，财务 BP 在给老板提建议的时候，一定要指向业务活动，并且是业务活动非常具体的那个部分。

这对财务 BP 来说，可能是一项挑战，因为业务部门的工作人员自己每天也需要面对诸多业务问题，我们需要有自己专业的判断力，做好问题的因果分析和归责，不能一有问题就去咨询业务人员。同时，业务部门里往往有个规则，谁发现问题，谁就要对问题负责，如果财务 BP 把问题抛给业务人员，就无形中给业务人员增加了工作量。因此，问题追责，以及后续的解决进度跟进，是这一环节不可避免的问题。

此外，有时候出现的问题比较多，我们需要确定哪个是临时性的，哪个是因为系统性导致的。临时性问题是这一问题发生之后，我们对它进行处理后，它自己就会消失，可能以后不会再发生了。系统性问题往往"野火烧不尽，春风吹又生"，可能我们今天处理了这个问题，明天它又出现了，这是比较棘手的问题。这时候该怎么办呢？

这要求财务 BP 要对问题做出精确定位，这样才能让业务人员信服。通过观察业务人员发现问题和解决问题的方案和思路，我们发现，业务部门在处理一些问题的时候，有时也会进入一些误区。经过梳理，总结为如下几点，希望可以帮助财务 BP 规避这些误区和风险。

（1）"头痛医头，脚痛医脚"的"打补丁"式解决方法

当业务部门的同事发现某个问题是一个系统性问题时，往往会把问题搁置在一边，因为他们负责的不是解决系统性问题，而是解决当前遇到的临时性问题。因此，作为财务 BP，我们不仅要发现这个系统性问题，而且还要想办法解决它。

（2）忽略看不见的因素

业务部门的同事在判定和解决问题时，往往容易从看得见的地方入手，而财务 BP 要解决的问题往往存在于我们看不见的地方，甚至是来自公司外部的因素。

比如，针对服装店的装修问题，我们能看见的是投诉、物料的堆积、服装破损、装修不断、费用高涨等问题，看不见的是供应商的评选机制等问题。

我们能看见的是销售人员在不停地拨电话，看不见的是他们反映电话销售的成功率特别低的问题。针对电话销售成功率低的问题，有人建议销售找意向度高的客户去打电话，销售说，我们把意向度高的客户数据调出来了，但成功率还是很低。这个问题的根源究竟在哪呢？经过仔细研究，我们发现他们所谓的意向度，其实是一个主观性很强的打分，不具备客观性，因此，效果还是不好。

（3）从财务报表入手

对于财务 BP 来说，是比较困难的事情。财务报表其实能反映的也是一些我们能看见的问题，很多问题的根源往往是通过一些细节暴露出来的。

比如，某公司经常接不同的项目，同时每个项目都是新项目，都需要投入大量的人力、物力去研发。虽然从财务报表上看，这家公司不断有收入涌入，但是成本总是居高不下，这说明这家公司在业务模式和订单（客户）的选择上出了问题，而这个问题，在财务报表上是看不出来的。

那我们该如何从问题的根源开始追踪呢？主要有以下几种方式。

第一，我们可以通过采访来定位问题。在上一节，我们讲述了如何获取真实有效的信息，这里不再赘述。在采访结束之后，我们可以对重要信息进行梳理。比如，财务 BP 小林采访完公司的销售、售后和产品等几个部门之后，拿到了将近 40 个他们当下最关心的问题，一定是很具体的描述，而不是高度概括的描述，然后请公司内部各级代表逐一单独用"箭头法"（见图 2-7）找出问题的根源。第二，邀请公司内部和外部的一些重要人士展开头脑风暴讨论，内部主要包括基层的一线人员，中层的经理或者高层的管理人员，外部则是重要客户、专家、咨询顾问等。有了这些人的广泛参与，我们采用"箭头法"，从不同视角，针对采访搜集的问题和信息，画出各个问题之间的影响关系。

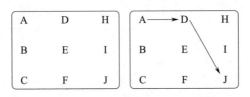

图 2-7　各个问题之间的影响关系

根据图 2-7，如果 A 影响了 D，就从 A 画一个箭头指向 D；如果发现 D 又影响了 J，就从 D 画一个箭头指向 J……依此类推，最后，我们把每个人的答案都收集起来。

第一种方式适合人数不足的情况，没有办法让大家坐在一起研究、讨论，所以只能采取单个采访的方式来搜集意见。

通过邀请内部和外部人员一起头脑风暴的方式，可以让大家坐在一起讨论，难点是人不容易聚齐。

逐一作答的方式是比较现实可靠的，通过画箭头的方式，每个参与者都做一套自己的答案，然后我们再对答案进行汇总，梳理每个箭头指向和被指的次数，并把这些数据统计到表格中，进行降序排列。将对外箭头数最多的排在最前面，然后选取前 5~10 名。通过这种方式，基本上能锁定公司 80% 的根源性问题。这一方法简单、有效，只需要财务 BP 组织大家参与活动并答题即可，而这部分工作完成之后，我们对于解决问题的思路和建议也就很容易得到了。至于说能不能解决，如何去解决，如何去变革，可能并不是财务 BP 一个人能完成的工作了。即便是经营分析人员，也需要掌握很多变革管理的技巧才行，这部分我们放在最后一章来详细讲述。

第 3 章
财务 BP 之指标

财务 BP 在了解了业务访谈和企业问题根源之后,接下来的工作就是建立指标体系了。

3.1 建立指标体系

在建立指标体系之前,财务 BP 需要先了解什么是指标体系。

一般来说,财务经营分析主要分为 5 个环节和 7 个步骤,建立指标体系是第二个环节的内容,这一部分的内容是承接前面的经营战略,连接后面的 IT 系统和数据分析以及 BI 可视化的重要桥梁。

一些公司发展到一定阶段之后,认为这部分的工作已经不再重要,甚至可以忽略了。它们之所以会这样认为,其实是陷入了经营误区,这是不对的。下面逐一分析指标体系的八大误区,如图 3-1 所示。

(1)指标越多越好

一些企业想朝着规范化发展,设置了很多的指标,而忽略了指标多带来的反作用——指标越多,意味着监管越严,员工压力就越大。在我看来,指标就像是放在企业中的一盏蜡烛,是来帮助我们点亮某处的黑暗而不是用来加热,让员工感到灼烧的。

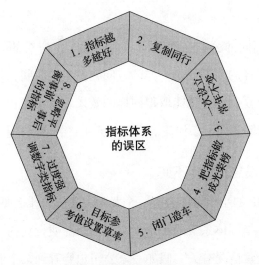

图 3-1 指标体系的八大误区

拿本就设计得不合理或者比较激进的指标对员工进行考核，或者和员工的业绩挂钩，这其实对员工和企业都是一种负担，长此以往，是不利于企业的发展的。

（2）复制同行

现在的企业都喜欢和同行作比较。比如，某公司和另一家知名公司是同行，该公司对外宣称，自己的产品可以和这家知名公司的产品比肩，甚至某些核心员工也来自这家知名公司。但我们知道，不同公司的经营战略是不一样的，优势资源也有差异，管理层的管理水平也是不一样的。因此，同样一件产品，用不同的企业设计、生产出来，尽管功能相似，但实际上还是不同的。

再如，一家公司的 IT 开发团队的成员数量是其竞争对手的两倍，但在寻求转型方向的时候，一直犹豫未定，最终也没有做出比较实质的改变，而其竞争公司快速地采取了新的经营方式和手段，成功转型，很快就把它甩开了。

所以说，不同的公司在面对同一个问题时，应对的方式、手段、策略等，并不是一样的，即便是一样的，问题发生的时间，管理层决策的战略，也不是简单复制同行就能取得同样的效果。古希腊哲学家赫拉克利特说，人不能两次踏进同一条河流。在这一点上，二者异曲同工。

（3）一次设立，常年不变

刚做财务 BP 的小白可能会有一个疑问，我们为什么要设立指标呢？

我们知道，指标体系下的每个指标都不是随便设立的，它的设立往往和公司实际的经营情况有关。假如一家公司想要看到某个业务线中容易被忽视的一些情况，就针对这部分问题设立一个指标来监督。如果有一天，这些情况因为其他 IT 手段的应用而消失了，那么，这个指标也就没有存在的价值了。所以，一般情况下，如果一家公司的经营情况发生了改变，原来设立的指标也许会因为跟不上公司的发展而渐渐被迭代、更新。如果指标一直不改变，是不利于公司发展的。

（4）把指标做成光荣榜

有的公司可能出于统计、记录等目的，做了一些优秀员工光荣榜，以此来激励员工。这虽然是一种很不错的方式，但并不适合所有公司。比如联想为了解决财务结账慢的问题，特意设了一个指标来激励。后来，财务结账的效率明显提升，但这个指标也没有改变或者迭代。后来联想的领导层发现了这个问题，才将这个指标停用。

由这个例子可以看到，某个环节出现了问题，或者企业需要关注某个环节，才去设立指标的。如果问题已经解决或者问题已经不再重要，指标也就没有存在的价值了。

（5）闭门造车

有个朋友跟我说，他想给公司做一个指标体系，但是他还没有跟业务部门商议过。我问他打算怎么做这个指标体系，他说靠猜。我跟他说，你这样定指标就犯了大忌了，这样做确定的指标，只可能自己用，对方是一定会拒绝的。

当财务 BP 准备确定某个指标的时候，一定是要先和相关部门的人协商，因为每一个指标体系的设立都是一个共同创作的过程。如果我们做出的指标，对方没有参与到制定的过程中来，对方一定会拒绝使用的。我们知道，不同的人对于业务的理解是不一样的，对图形的接受度和使用习惯也不同，如民营企业不太习惯使用气泡图，外企则使用气泡图比较频繁，因而指标体系的建立一定要双方共同协商才能最大地发挥价值。

（6）目标参考值设置草率

财务 BP 设置完一个指标之后，往往有一个参考值，这个参考值的设置其实是有一些技巧的。不懂技巧的人，可能设置得比较随意，比如参考同行数据、历史经验或者预算，但这样随意设置的参考值，实施起来的效果也是不理想的。为什么这样说呢？下面简单分析这几种方式。

参考预算。我们知道，预算是在问题出现的很久之前做出来的，而指标是要跟当下的问题挂钩的，这两者的时间差，使得根据预算来设置参考值变得毫无意义。可见，指标参考值的设置是不能草草应付了事的。此外，我们当前的社会、经济环境变化都非常快，如果继续沿用过往的经验或者用一个比较激进的预算来设置参考值进而评判的话，是不准确的。一个不准确的指标得出的结论没有指导意义。

既然这样，有人说，那我用一个比较保守的数据来作为参考值，这样大家都能比较轻松地达到预期。但仔细想一下，如果将大家都能达到的目标作为指标，那还有什么激励的价值呢？所以说，参考值的设置需要有实际的指导性、针对性，而不是纸面上的空谈。

（7）过度强调数字类指标

很多人觉得财务分析这项工作本身就是"事后忙"，对于事前的引导并没有太大的帮助。过于倾向事后的数字类指标，对于公司业务的发展和营运绝对是有失偏颇的。

（8）忽略平衡事前、事后的指标

在指标体系的建设中，每个财务BP都应该知道一点，就是预防能比错误发生之后的更正节省更多成本。因此，我们更应该在问题出现之前找到一些蛛丝马迹，预防问题出现。

3.2 如何掌握成功关键因素

在做财务BP工作的时候，很多人不知道自己的价值在哪里。从前面的讲述中，我们知道财务BP岗位的设置，主要是老板想听取我们的建议和观点。在日常工作中，我们也经常会听老板说，要有观点、有思路。那么，观点和思路从哪来呢？从成功关键因素中来。掌握企业的成功关键因素是建立指标体系的第一步。

通过成功关键因素，我们可以观察和确定什么是企业的最佳客户，什么样的产品是最好的，企业和竞争对手的区别在哪里，企业要如何做才能胜出等。

比如，某小区附近有 3 家超市，一个是本地人开的，两个是外地人开的。居民发现，本地人开的那家超市，菜品质量最差，另外两家超市菜品质量很高，很讲究性价比。这时候，如果我们需要对这 3 家超市做经营分析，不难发现影响超市客流量的因素。

我们再说说成功关键因素的误区。

误区一：有些企业认为自己打好广告，做好营销，就是企业的成功关键因素。

实际上并非如此，如果只是把大量资金投入广告，而不探寻经营成功的底层逻辑，无异于投针入海，于事无补。

比如，某公司为了做好新项目的宣传，把 90% 左右的资金都用来为新项目造势，请了大量的媒体前来宣传报道，对于自己的产品研发和后续的服务却不闻不问。或许对于这家公司而言，宣传是一个非常重要的获客渠道，但是不得不注意的是，在如今这个时代，如果对自己的客户群体理解不深刻的话，大量的投诉、负面的评价纷至沓来的场景，也离得不远了。

再如，某公司非常重视办公室的装修，因为他们的装修是可以对外向客户展示的，他们甚至认为，装修是公司的核心竞争力。

我们可以看到的是，站在公司投广告、做营销这个角度，虽然一定程度上能增加曝光度，让客户增加对公司产品的了解，但如果客户因为对你的信任而购买了你的产品，随后又投诉或退货，以后想让他再次为你的产品买单，其难度可想而知，那这样还能称为"核心竞争力"吗？

由此可见，成功关键因素并不等于公司的营销手段。

误区二：我们知道，北京拥有很多"老字号"品牌，其中一些品牌认为"老字号"就是他们成功的关键因素。

这其实是一个错误的认知，"老字号"对于这些品牌而言，本质上只能算是一种荣誉。近些年，我们能看到很多关于"老字号"的新闻，报道了它们的销量在下滑，或因货不真价不实，或因货真价不实，最终被顾客抛弃，给人一种"盛名之下，其实难副"的既视感。这就是没有认识到自身的成功关键因素，使得"老字号"盛誉难再。

因此，财务 BP 要了解客户、了解企业，为企业经营提供价值，最为基础的还是需要为企业找到成功关键因素。那么，成功关键因素究竟是什么样的呢？或者说我们该如何着手，找到成功关键因素呢？

或许我们能从同仁堂门口的对联中找到一些启发：炮制虽繁必不敢省人工，品味虽贵必不敢减物力。仔细研究这句话后背的含义，不难发现，其中隐藏着同仁堂的成功关键因素：药虽贵，但保真，能救命。这是同仁堂对自身品牌价值的深刻提炼。可以看到，成功关键因素可以是一句话，或者是一句顺口溜，至于如何提炼，就见仁见智了。

对于财务 BP 来说，还有一种更为方便的方法，就是采用直接材料。如可以直接通过调研问卷等形式询问客户和消费者，或者通过分析客户的投诉信息来找到需要关注的成功关键因素。对于这点，我们需要尽可能关注销售部门的同事，包括售前和售后人员，同时多向公司的老板取经，或者多接触一些真实的客户。通过面对面的交流，会知道客户拒绝消费、差评、退货等的真实原因。

如果没有直接和客户接触和交流的机会，还可以采取第 2 章介绍的"箭头法"，筛选出前 5 名来间接地找到成功关键因素。

有人问，找到成功关键因素之后，该如何来验证成功关键因素的正确性呢？

我们可以对比一家公司的研发成本和市场宣传成本的占比，如果研发成本比营销成本占比更高，在大方向上可以说是对的。反之，如果一家公司有大量的营销支出，或者每天收到大量的投诉，就说明这家公司还没找到成功关键因素，在经营中可能为了快速变现而采取了一些比较生硬的方式，只做"一次性"的买卖，忽略了客户的复购率。

总之，掌握成功关键因素，可以让经营分析做得更加深入，让我们提出的观点更有价值，可以在我们做 KPI 的时候，知道如何筛选指标体系，因为在指标体系的评判标准中，成功关键因素是非常重要的一项。

3.3 建设指标体系的基本框架

建设指标体系的基本框架是建立指标体系的第二步。那么应该怎样指标体系的框架呢？

指标体系的基本框架可以用平衡计分卡来表示，如图 3-2 所示。

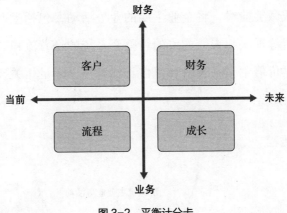

图 3-2 平衡计分卡

平衡计分卡（BSC，Balanced Score Card）是常见的绩效考核方式之一。它是分别从客户、财务、流程和成长 4 个层面，将企业的战略落实为可操作的衡量指标和目标值的一种新型绩效管理体系。这4个层面虽然看似简单,但其实既关注了过去,又关注了未来;既包含了财务的内容,又囊括了非财务的部分。可以说,平衡计分卡作为战略实现工具,在推动战略目标分析、组织绩效实现的过程中起到了关键作用。具体体现如下:

客户层面。对于企业将竞争的客户和市场,需要设置相应的衡量指标。过去很多人做的财务指标容易过度关注财务,而忽视了客户、企业成长等内容。直到最近几年,大家开始做客户画像,才把客户这部分内容重视起来。

财务层面。这里的财务是指一家企业的经营战略及其实施对企业产生的结果,主要表现为财务数据。这一目标通常和企业的获利能力息息相关,可以通过营业收入、资本报酬比、经济增加值等因素进行比对。

流程层面。图3-3为流程层面示意图。企业内部的经营流程是通过价值链模型或微笑曲线,将企业主要的业务活动,包括生产、物流、批发零售和售后等连接起来,构成的一整套系统的经营流程。这套流程能帮助企业提供价值主张,吸引和留住目标客户,满足相关投资者对于企业财务回报的期待。

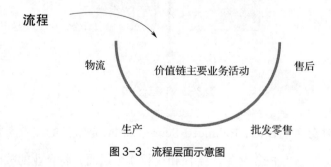

图3-3 流程层面示意图

成长层面。成长这一层面，要求企业要想长期、快速地发展，就必须有资源——包括研发、采购、IT技术、法律、人事、行政和财务等为之持续赋能，否则就很容易遇到发展瓶颈，进而停滞不前甚至倒退。这一层面确立了企业目前和未来成功的关键因素。

将这4个层面结合起来，就是第2章讲述的财务BP了解公司业务时使用的商业画布的8个步骤。

我们把SWOT、价值链模型和平衡计分卡融合在一起，把流程和成长这两部分通过价值链模型扩展出来，形成了财务BP在建设指标体系必须关注的一张表格，简称"三合一模型"。这个表的作用很多，不仅用于引导指标体系设计，也是开经营分析会所需要的。表3-1为指标体系建设观察表。

表3-1 指标体系建设观察表

客户		财务		内部优势	内部劣势
流程				外部机会	外部威胁
IT	HR	研发		采购	法律
物流	生产与交付	市场		销售	售后

通过这张表，我们对财务BP工作中所有应该关注的领域都一目了然。而在填写表格的时候，要求我们对所有工作都进行细致的梳理和记录，使财务BP能清楚地知道各个岗位在这一环节的工作重心，并清楚地知道各个关注点应该注意的问题。

在记录过程中，我们只需要记录前2~3个最重要的内容。一方面是因为在后续设计指标的时候，会对每一项进行扩展，如果记录的内容过多，反而不利于工作效率的提升。另一方面，由于设计的指标最终还是要为公司的盈利服务，因此，记录 2~3 项内容，不容易失去工作重心，可以让企业的资源更聚焦，"把钱花在刀刃上"。这也是业财融合在财务 BP 工作中的具体体现之一。

3.4 追踪指标体系中具体项目的进展

财务 BP 在明确聚焦的领域之后，接下来就是追踪各领域的项目进展情况。因此，追踪指标体系中具体项目的进展，是建立指标体系的第三步。

在项目进展跟进过程中，需要用到一些指标，大概有 4 类，分别是事前征兆、事后后置、定量和定性，如图 3-4 所示。

图 3-4　指标类型

事前征兆是当前的某些迹象可以预判企业未来绩效和经营情况。比如，用品牌影响力、客户忠诚度可以预判未来企业收入，这比用当前的财务数据做预判更可靠。品牌影响力和客户忠诚度就是事前征兆。事前征兆也可以为企业的预警系统提供参考支持，很多事前征兆是宏观的经济指标，企业也可以开发属于自己行业的事前征兆，比如北海布伦特原油价格就是出口企业中运费未来波动方向的事前征兆参考。事前征兆需要与事后后置组合搭配，分别保持一定的比例，不要都采用事后后置的方式。事后后置最常见的就是以财务数据为主的杜邦分析体系。

在项目跟进过程中，还需要财务 BP 对一个项目进展的好坏做出评价，我们从 3 个角度来考量，分别是时间、质量和成本。这 3 个角度分别对应效率（Efficiency）、成果（Effectiveness）和金额（Economy）。由于这 3 个词的首字母都是 E，因此把它称为"3E 原则"。

结合上述 4 个指标和 3 个角度，可以设计出如表 3-2 所示的项目进度评价表，这也是指标设计所用的框架。

表 3-2 项目进度评价表

	事前征兆	事后后置	定性	定量
效率				
成果				
金额				

值得一提的是，在实际运用中，不需要把表格全部填写完，按照"不重复不遗漏"的 MECE 分析方法，我们首先要全面、均衡地看待所关注的指标，确保彼此平衡，这是做"加法"。接着，结合成功关键因素和目标战略，筛选出适合的指标，这是做"减法"，表 3-3 为指标筛选工具的示例。最后统计出各项指标的得票数（对钩数），降序排列，对钩数高的留下作为最终入选的指标，剔除对钩数低的，从而实现精简聚焦，方便后续能有针对性地对某些项目进行跟踪和评价。

表 3-3　指标筛选工具示例

指标 KPI	CSF1	CSF2	战略目标 1	战略目标 2	对钩数合计
KPI1	√		√		2
KPI2	√	√			2
KPI3		√	√	√	3
……					

这两个表要结合起来使用。进行项目评价，需要坚持均衡原则，不能只关注成本、效率或者时间，也不能只关注定量型或者定性型的指标。比如，我们需要关注 Leading indicator 等一些具有前瞻性的事前征兆型指标，是因为：一方面，这类指标可以帮助我们避开很多风险；另一方面，这类指标的出现可以让我们提前采取一些措施。此外，这类指标有一部分是一些经验老到的工作人员自己提炼出来的，可以通过这些指标看出前辈们的智慧，借助他们的经验和智慧，优化我们的指标。

3.5　建立、完善指标档案卡

在了解了项目进展之后，就需要建立指标档案卡了。指标档案卡是建立指标体系的第四步，这一步是财务 BP 和使用指标的用户共同完成的。

由于我们设计的指标最终是要给客户使用的，如果客户不会使用，还会为这些指标买单吗？因此，指标的解读和使用也是非常重要的环节，在设计指标档案卡时，需要财务 BP 提前和用户做好充分的沟通，避免我们设计的指标形式化。

指标档案卡的主体部分一共由 13 个环节组成，这 13 个环节并不要求每个指标档案都要详细列出，而是我们在设计之初就需要把它们考虑进来，针对这些环节进行设计。图 3-5 为财务 BP 完善指标档案卡的环节。

图 3-5　财务 BP 完善指标档案卡的环节

完善指标档案卡的第 1 个环节是：考虑战略目标是否发生变化。

伴随着社会的发展和变化，公司的经营战略往往也会进行周期性调整。因此，在制作指标档案卡的时候，需要把这部分内容记录上去。

完善指标档案卡的第 2 个环节是：考虑指标档案卡是给谁看的。

我们知道，不同的人观察问题的角度也不同。在公司中有基层、中层和高层等多个群体，他们关心的事情是不同的。因此，我们的指标是针对哪个群体设计的，也需要标注清楚。

完善指标档案卡的第 3 个环节是：考虑使用者当下最想知道的内容是什么。

由于指标最后是要给用户使用的，他当前的痛点问题是什么，需要和用户提前沟通。痛点问题是分时间段的，不同的阶段、时期，问题也不同。

完善指标档案卡的第 4 个环节是：报表使用者或决策人员知道问题的答案之后，会采取什么行动。

很多人在设计指标体系的时候，并不关注这一问题，只关心指标叫什么名字以及结果是怎么计算出来的，但使用者如何使用这些指标才是指标设计的重点。比如，在做经营分析的时候，很多公司会非常乐意花钱买设备、建平台、拉数据，但这些数据是什么，要如何使用则放任不管，这是错误的做法。正确的用法应该是先从这一环节入手，了解使用者或者决策者会采取什么行动，再决定要使用什么指标，然后开展购买设备、搭建平台等工作。

完善指标档案卡的第 5 个环节是：写指标的名称。

设计指标的名称需要注意的是尽量使用术语。一家公司可能包含有国企、外企、民企 3 类企业工作背景的员工，他们的语言系统是有差别的，比如外企喜欢用英文缩写，民企比较喜欢使用缩略词，国企则相对规范。如果这 3 类人在同一家公司工作，为了更好地交流，就需要统一语言口径。

完善指标档案卡的第 6 个环节是：数据的采集方式。

这一环节需要和 IT 部门对接。在对接过程中，IT 部门的同事可能并不清楚数据是如何采集而来的，这时就要求财务 BP 能提出数据采集专业建议。数据采集的方式将在第 4 章详细讲述。

完善指标档案卡的第 7 个环节是：写计算公式。

计算公式是一个"说起来容易，做起来难"的工作，在写计算公式的时候，一方面需要把分子分母的含义描述清楚，另一方面，由于有些指标是可以拆解的，或者可以归属于某个大类，这种情况也需要注明，方便在后续工作中调取和查阅指标。

完善指标档案卡的第 8 个环节是：对指标数值进行解读。

对指标数值进行解读，无论是使用文字还是数字，都能起到一定的警示作用，让人们知道问题的好坏程度。

完善指标档案卡的第 9 个环节是：与数据部门协作，注明数据存放位置。

一些发展快的公司，和一两年前相比，数据内部的底层架构就几乎全部改变了。由于数据底层架构会经常改变，因此需要对指标的数据存放位置进行及时更新。

另外，有些公司由于数据库庞大且分散，同样的指标，使用数据库不同位置的数据，最后出现了偏差。这时候就需要专业人士进行纠正，防止错误发生。

对于以上两种情况，如果有 IT 部门的技术人员参与协作，就能帮助财务 BP 快速定位数据的问题，及时更新或纠正相应的数据和指标。这对于财务 BP 工作的顺利进行，是大有助益的。

完善指标档案卡的第 10 个环节是：要了解数据的调取频率。

数据的调取频率和设备的算力有很大关系，数据的调取不仅需要和 IT 部门做好协调，还需要对调取的数据进行分类，对于需要多次观察的数据，提高调取频率；对于不需要多次观察的数据，降低调取频率，从而减少双方的工作量。

完善指标档案卡的第 11 个环节是：对外发布的频率。

报告分日报、周报、月报等，因而指标的发布也需要根据报告发布的频率以及客户的要求来制定。此外，每个人有着不同的权限，需要 IT 部门进行管理。

完善指标档案卡的第 12 个环节是：写上数据采集、传输、发布的责任人。

撇开人为操作的环节，机器操作的环节都应该写上相关的责任人，方便后续对数据溯源、追责，一方面不会让数据的处理变成黑箱，另一方面也能保证数据的质量。

有些公司的数据系统是内部开发的，经过多年的修修补补，出现很多"补丁摞补丁"的情况，已经很难再追踪到原始数据和责任人了，给后期的数据处理带来了很大的麻烦。

我们对内部数据的质量控制是通过记录来完成的，第 9、10、11、12 个环节都起到了控制数据质量的作用。

完善指标档案卡的第 13 个环节是：记录指标失效的时间。

这一环节需要根据实际情况而定，并不是每个指标都需要记录失效的时间。

这 13 个环节，由我们和用户共同创作，从而使用户对指标的使用和解读不会产生歧义，还保证了数据的质量。而当数据的质量有保障的时候，决策也就得到了保证。对于财务 BP 和经营分析人员来说，这些环节如果没做好，后续的工作可能没有办法开展。

3.6　试运行指标体系

试运行指标体系是建立指标体系的第五个阶段。在做完指标的档案卡之后，可以尝试试运行一段时间，从下面 3 个角度来观察指标体系的运行效果。

第一，我们获取指标的成本代价是不是太大了。如果真的是这样，可以考虑适当放弃。

第二，关注指标是不是有很多局限性。如果有很多场景无法适配，根据成本效益原则，也可以考虑放弃或者优化。

第三，设计的指标会不会产生副作用。

第 4 章
财务 BP 之数据

4.1 财务数据的分类

财务 BP 在明确问题和指标体系之后,接下来要做的工作是数据的搜集和处理。对于财务工作者而言,数据的搜集和处理是工作中非常重要的一环,对工作质量和工作效率有很大的影响。一般来说,数据可分为结构化数据、非结构化数据和半结构化数据。

图 4-1 直观地展示了结构化数据、非结构化数据和半结构化数据三者之间的占比关系,下面我们详细地分析它们的具体内涵。

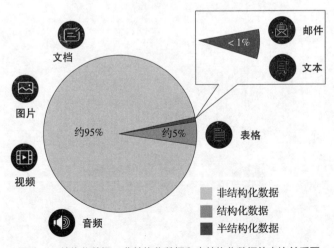

图 4-1 结构化数据、非结构化数据和半结构化数据的占比关系图

(1)结构化数据

结构化数据又被称作"行数据",它储存在数据库中,一般通过行与列直观地展现出数据之间的关系。特点是数据可定义,各数据点之间关系明确,容易访问、分析和处理,它包括用 Excel 表来保存名字、电话号码、地址、日期、银行卡号码等。结构化数据在企业数据中仅仅占比约 5%。在处理方式上,人们习惯用 C 语言和 BI(商业智能)来处理结构化数据。

(2)非结构化数据

非结构化数据是指无法用固定结构和逻辑来表达实现的数据,绝大多数都由机器生成,特点是容量大,生成快,来源多样,处理起来也更加困难,包括各种格式的办公文档、文本、图片、各类报表、图像和音频/视频信息,甚至各种平台、论坛的评论等。非结构化数据约占企业数据的 95%,处理方式主要是依托人工智能技术。

结构化数据和非结构化数据的对比,可以通过图 4-2 来展现。

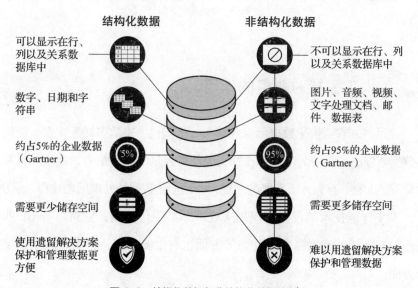

图 4-2 结构化数据与非结构化数据的对比

（3）半结构化数据

半结构化数据是指介于结构化数据和非结构化数据之间的数据，它属于结构化数据的一种，但并不符合关系型数据库或其他数据表的形式关联起来的数据模型结构，包括日志文件、JSON 文档、Email、XML 文档、HTML 文档等，如图 4-3 所示。半结构化数据一般是自描述的，数据的结构和内容往往混杂在一起，很难作明显的区分，这也反映了半结构化数据灵活多变的特点。

图 4-3　半结构化数据

4.2　人工智能对财务的作用

在过去，非结构化数据因为容量大、生成快、来源多样等特点，使得这类数据处理起来也较为困难，往往需要耗费大量时间和精力，处理的效果也常常不尽人意。直到人工智能的出现，非结构化数据的处理问题才得以解决。

人工智能技术不仅仅可以用来处理非结构化数据，它对财务 BP 业务流程的高效运转和增强业务能力等方面也有重要作用，主要表现在如下几个方面。

（1）提升工作效率，节省人力成本

在日常工作中，我们可以用人工智能读取大篇幅的文字内容来进行文本分析，以此提炼文章的核心内容及关键词等，还可以检测文本内容的版权信息；把音频等声音数据转换成文字，甚至还能读取出对话过程中的情绪信息；根据人们在社交媒体上发布的文章内容来获悉当前人们关注和讨论的话题；根据图片来识别其中的信息要素，提取出图片中的自然、动物、人等有用信息；还可以用人工智能处理图像，通过帧率扫描提取需要的信息，如危险品或者某些特定图案。

运用人工智能技术处理数据的最大优点是，人们并不需要专门去学习相应的算法知识，如机器学习等，大大缩短了工作的时间，在减少出错率的同时，还简化了业务流程，很大程度上提高了工作效率，节约了人工成本。运用人工智能技术储存和调用数据的情况如图4-4所示。

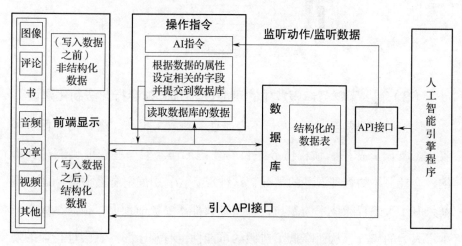

图4-4　运用人工智能技术储存和调用数据

（2）优化人才结构，加快职业转型

人工智能的大数据和云计算技术在财务工作中的出色表现，一定程度

上替代了传统的财务工作。传统的财务模式已经远远不能满足新技术下的发展模式，促使财务人员学习管理类的专业知识，向管理型、实操型、控制型等综合性人才转变，如图4-5所示。

图4-5　人工智能加快职业转型

（3）减少了财务造假发生的可能性，加强财会行业法制化建设

《会计法》规定，出纳人员不得兼任（兼管）稽核、会计档案保管和收入、支出、费用、债权债务账目的登记工作。但一些企业仍然存在出纳、会计一体的管理混乱的情况，这种现象容易引发财务造假等问题。现在，有了人工智能技术的参与，各项参数都需要提前预设，很大程度上减少了人为的修改，从而降低了造假的可能性，有利于财务、会计行业的规范化、法治化建设。

总之，在人工智能技术的帮助下，我们能够处理的数据类型大大增多了，处理的效率也得到很大提升。当前，人工智能技术应用的领域越来越广,数据的处理也越来越依赖于人工智能,甚至可以说,财务数据质量的高低,某种程度上取决于人工智能技术的发达程度。

4.3 数据采集的 8 种方式

讲过人工智能对数据处理的作用之后,我想谈谈数据的获取方式。

财务 BP 进入数据库之后,对数据进行筛选、排除,不断缩小范围,从而找出需要的数据,这是财务 BP 的数据获得过程。然而,数据适不适用,和数据类型、数据的获取方式以及解读数据的工具有很大关联。

有人问:"我们是小公司,并没有那么多数据获取的渠道,是不是不需要处理那么多数据了呢?"

其实不然。无论是小公司还是大公司,我们都有 8 种方式获取数据,如图 4-6 所示。这 8 种方式可以帮助我们拓宽数据来源,增加可用数据。

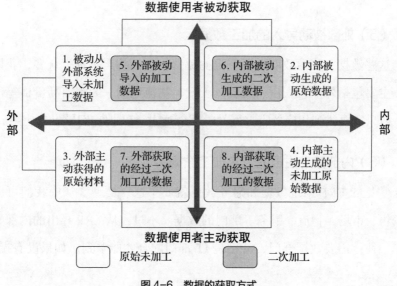

图 4-6 数据的获取方式

从图 4-6 可以看到，这 8 种获得方式的区别主要在体现在内部、外部和主动获取、被动获取上。

（1）被动从外部系统导入未加工数据

这部分数据是完全没有被整理加工过的，包括 RFID 扫码的记录、摄像头传感器生成的数据等。

（2）内部被动生成的原始数据

这类数据包括机床机械化、自动化的产生的数据，一些生产机器人传感器产生的数据，飞行器记录的信息等。

（3）外部主动获得的原始材料

这类原始材料包括电话录音、网友留言、各种评论和点评等。

（4）内部主动生成的未加工原始数据

比如一些个人笔记、工作日志、工作汇报等。

（5）外部被动导入的加工数据

这些数据往往由政府或一些机构免费提供，特点是种类众多，获取方便，主要包括外汇、人口、气候、天气、物流运输、大宗商品价格等。人们一般只需要找到相应的官方网站，就能通过 API 把它们导出来使用。

（6）内部被动生成的二次加工数据

常见的 ERP 系统数据和财务数据就属于这一类型，从中我们可以看到销售、市场、物流、财务等部门的数据。不过，从 ERP 导出的内部数据表单，往往需要数据部门，特别是 IT 部门配合才能拿到。如果没有授权，一般是无法获得的。

（7）外部获取的经过二次加工的数据

一般情况下，这类数据的来源并不为人所关注，人们只关心数据所表述的结论，比如上市公司的财报、购买的行业调研报告等。

（8）内部获取的经过二次加工的数据

这类数据往往经过多次加工、修改，拥有众多版本，包括我们手上的一些表单和手工生成的各种文档等。

在上述 8 类数据中，前面 4 类数据都属于被动获取，要想解读并使用它们，很大程度上依赖于人工智能等高端技术。人工智能技术的发达程度，从某种程度上说，决定了这部分数据的质量（解读率和可使用率）。后面 4 类数据是由财务 BP 或者相关人员主动采集，而不是被动获取的，这部分数据大部分是经过采集人员二次加工和处理过的。

4.4 为什么你的数据质量那么差

对于财务 BP 来说，无论借助何种方式获取数据，高质量、可用才是目的。然而，在日常工作中，我们拿到的数据往往会出现质量参差不齐的情况，甚至有的根本无法使用，这是为什么呢？

我们都知道，黄河里的水如果没有经过加工、过滤等一系列程序是不能直接饮用的，而千岛湖的水则可以直接饮用，这就是水质的差别。数据之于财务 BP，就像水之于人一样。在财务 BP 工作中，数据质量的优劣往往决定了我们决策的效果和好坏。

通过调研发现，数据质量不好的主要原因有二。

其一是缺少统一的数据系统管理。公司内部存在多种数据系统同时运行，每个管理者都在管理和维护各自的数据。

广州某公司因为内部系统在前期的开发没有做好规划，使得公司内部并行使用着两套人事系统。数据库的数据存在大量交叉和重叠，甚至还有许多人名与信息无法对应的无效数据。试想，这样的人事数据，给员工发工资的时候应该以哪一套为准呢？这就是没有统一管理的后果。

其二是"补丁摞补丁"。这类数据很多情况下是经过层层叠叠的修改，没有做到数据的唯一性。

图 4-7 是我曾经见过的一家公司的数据库里存在 4 个名为"单位成本"的数据字段，公司对外报价采用的是成本加成法，即单位产品价格 = 单位产品成本 × (1+ 利润率)。由于成本数据混乱，导致对外报价无法做到统一，到了账目结算时，财务人员根本无法在数据库里将账目一一对应起来，账目无法对应，也就不能及时汇款，后续的客户合作也面临中断的风险，这就是一个非常严重的问题了。

图 4-7　财务数据管理混乱影响业务进程

通过上面两个例子我们也能看到，一家公司即便有数据系统，在不能保证数据质量的情况下，其实比没有系统更加糟糕。

因此，财务 BP 在拿到数据之后，首先应该对数据质量加以评判，在评判的基础上再去做数据修补或者清洗的工作。

4.5 如何做好数据质量评估

谈到数据质量，一个问题就出现了：我们该怎样去评判数据质量？

数据质量可以从 6 个方面来评判：完整性、一致性、唯一性、有效性、准确性、及时性。在评判的时候，可以对这几个指标进行打分，分值越高，数据质量也就越高，以此来做的决策效果也就越好。在此基础上，所有的数据清洗、ETL（提取、转化、上传）都是修正和弥补原数据的不足而做的后续动作，在数据质量很高的情况下，这些后续动作都可以省略了。

虽然这些指标能帮助我们很好地找到优质的数据，但并不是说这样做就"高枕无忧"了。上面 6 个指标是用来评判数据质量的，它们之间是相辅相成、不可分割的关系，如图 4-8 所示。

图 4-8 数据评估指标

（1）完整性

完整性是指数据库中应该填写的信息都已具备，所有的数据都是正确的，包括实体完整性、要素完整性等。具体如表 4-1 所示。

表 4-1　完整性的表现

完整性	表现内容
实体完整性	数据的数值、符号等元素是完整的
要素完整性	包括数据的类型、格式的完整

比如，成都某公司有 30 多个分部，他们为了提升公司数据的自动化程度，特意引进了 ERP 系统。然而，在运行过程中，他们发现业务中比较重要的部分（50% 的网点）都在使用 ERP 系统，而相对不被重视的那部分却没纳入系统，依然还是纸质数据。由于没有利用好这系统外的 50% 的数据，使得自动化效果大打折扣，公司的经营效益也和预期相去甚远。也正是如此，这家原本在成都具有垄断地位的公司，在后续市场中动能不足，逐渐失去了竞争优势。

通过上面的例子我们可以得知，并不是说公司搭建了数据管理系统，我们的数据就具备了完整性、一致性、唯一性、有效性、准确性和及时性，它还会受到很多因素的影响，比如在实际的业务操作中，工作人员没有及时地把数据录入系统等。

（2）一致性

很多人觉得只有会计数据才要保持一致性，其实不然，业务数据也要保持一致性。数据的一致性包括输入和读出的一致性，顺序的一致性，管道的一致性等。

输入和读出的一致性：输入和输出的数据一致，在数据共享和协作的时候才不容易出现错误。

顺序的一致性：数据的使用者看到的数据都是一样的顺序，方便数据使用者同时使用同一数据。

管道的一致性：数据使用者对数据的操作可以同步给其他使用者，其他使用者可以知道其他人的操作。

比如，某公司曾在一年之内对业务产品线进行多次拆分组合，后来这家公司被上级要求根据当前的产品线组合，追溯近 3 年的数据。此时，业务线经过多次组合，使得数据有各种大大小小的版本。他们不得不根据各个业务的最小单位逐一对照着给数据做还原。由此引发的工作量可想而知，这就是没有保持数据一致性的后果。

（3）唯一性和有效性

财务 BP 得到的每一组数据类别的个体是千差万别的，因此每组数据都应该有相应的标签，通过搜索就能快速定位，同时这些数据都需要保持真实有效，否则就是无效数据，这就是数据的唯一性和有效性。

我们在做 ERP 的时候，有很多下拉菜单是只供选择的，这种能选不填的原因就是为了避免一些输入上比如全半角、空格、大小写，或者是不规范造成的错误。如图 4-9 所示，采用这种集成式的填选不仅能避免这些错误，数据收集的效率也能得到提升。

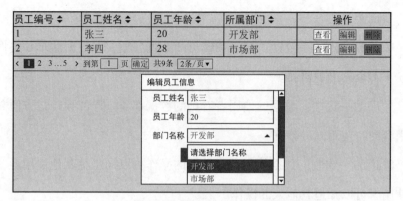

图 4-9 下拉菜单可以防止不规范填写的错误等问题

（4）准确性和及时性

财务工作者都清楚，准确、及时是 ERP 的核心和基本要求，因而为了确保数据的准确性和及时性，在数据采集时，我们尽量使用程序完善的电子系统的采集方式，而不是手工采集。当前，使用现代信息数据系统、云计算技术等，通过给目标附加标签，可以实现数据信息的准确性和数据同步的及时性。另外，为确保数据的准确性和及时性，还可以使用 ERP 或者其他系统进行数据集成。

4.6 财务 BP 与 IT 部门的协作

财务 BP 在获得所需数据，尤其是对数据进行评估之后，就进入了和 IT 部门的协作环节。

派拉蒙影业公司（Paramount Pictures）的 CIO 特雷纳（Ed Trainor）在谈到财务人员和信息技术人员的协作时说过，"财务经理和信息系统经理确有必要更紧密地合作……这是双方的共同愿望，对我们大家都有好处。"由此可见，IT部门和财务工作者的工作密切相关。

在与IT部门进行协作时，有两点是值得我们财务BP注意的。

首先，如果把财务BP比作室内设计师，那么IT部门就是装修队。在工作中，财务BP把数据采集方案交给IT部门之后，IT部门就针对方案去"采购物料"，进行数据采集。这其中有一个"特别"的现象，就是虽然IT部门负责了"物料"的采集，但其实并不清楚数据要如何使用，也不清楚交给财务BP的数据质量如何。

这就要求财务BP在和IT部门协作时，除了需要把数据采集方案交给对方，还需要对他们采购的"物料"，也就是数据进行验收。如果财务BP忽视了这一点，在使用数据的时候，会发现很多数据是无法使用的，就变成"哑巴吃黄连，有苦说不出"。

其次，财务BP需要明白他们真正能交付什么内容，不能交付什么内容，同时明白采集的数据最终是为财务BP的工作服务的，采集数据的真正受益者是财务自己。只有这样，彼此的协作才会更加顺利、高效。

4.7 如何获得高质量的数据

我们前面讲到，IT部门只是充当装修施工队的角色，他们对于财务BP的数据并没有明确的认知，这就要求数据的使用者——财务BP对相关的背景知识有所了解，以便在和IT部门沟通的时候，能提出更加切实的数据采集建议，让对方快速、准确地采集高质量的数据。

为确保获得高质量的数据，在和IT部门沟通信息采集方案时，财务BP必须牢记以下7个原则，如表4-2所示。

表 4-2　高质量数据获取原则

序号	原则
1	优先考虑 SaaS 等平台，不采用内部搭建服务器的方式
2	优先考虑不影响底层架构的应用软件
3	优先考虑购买或租用软件，不自行开发应用软件
4	选择的系统 API 接口越多越好
5	应用程序能提供现成的集成端口越多越好
6	优先选择含有人工智能的软件
7	人工干预越少越好

1）如果能用 SaaS 这一类平台实施方案，就尽量不使用公司内部搭建服务器的方式，因为后期的维护成本和效果不好保证。

2）优先考虑不影响底层架构的应用软件。在使用这类软件时，如果后续出现要修改数据的情况，只需要修改上面的应用层，这样在很大程度上减少工作量的同时，也保证了数据的质量。反之，则会使数据的准确性下降。例如，有一家教育公司在做经营分析的时候发现，由于曾经不断更换设计底层架构，使得公司的底层数据总是处于变化状态，加上多次修改、变迁，这些数据在取出来使用时，可信度已经大大降低了。

3）在能够购买或者租用的前提下，坚决不自行开发数据应用软件。例如，某公司在选择数据管理软件的时候，为了节省开支，使用了开源的软件。后来这个软件出了问题，但这家公司并不知道该如何去做修复，只得被动地求助这个软件最初的开发团队。这个开发团队因此坐地起价，给这家公司造成了很大的损失。因此，选择数据管理软件，还需要考虑后续的软件维护问题。

4）选择的系统 API 接口越多越好。API 是平台间数据实时传输的通道，通道越多，数据同步的效果就越好。

5）选择应用程序时，能提供现成的集成端口越多越好。集成端口是指两个系统之间的快捷通道，集成端口越多，彼此间能快速传递和共享的开关也就越多。如果没有集成端口，就需要额外开发，增加不必要的开支。

6）优先选择含有人工智能的软件。这类软件往往包括机器学习以及语音、文字、图像的理解等功能。当前，人工智能广泛应用于数字领域，往往和我们现有的软件（BI、ERP 等）进行集成来解决一些实际问题，比如在呼叫中心这种软件里植入人工智能的程序，能准确地判断客服人员的态度；在一些销售系统植入人工智能之后，能比较清晰、精准地判断顾客的购买意愿，对于购买意愿高的，优先推荐给销售人员。

7）人工干预越少越好。以前做财务的时候经常需要使用银行对账单，现在已经实现银企互联，将银行和支付宝等支付工具以及做账系统关联起来，在支付的同时系统自动完成对账业务，不再需要人工干预，大大提高了业务效率。降低数据的人工干预，最大的好处就是能减少不必要的风险和事故，进而提高数据的质量。

财务 BP 基于以上 7 个原则，在和 IT 部门进行沟通和协作的时候，就能做到"心中有数"了。

第 5 章
财务 BP 之数据管理

前面几章我们介绍了如何正确聚焦指标体系设计，确保数据质量等内容，这些都是财务 BP 的主要工作内容，也是财务 BP 工作中侧重设计层面的内容。接下来，财务 BP 的工作进入数据管理环节。

在开始讲述内容之前，我们需要先了解一下财务 BP 和数据分析师之间的关系，只有这样，我们在后面的篇章中才知道财务 BP 具体要参与哪些工作环节，同时需要扮演什么角色。

5.1 业务分析、经营分析和数据分析

财务 BP 在和公司的数据分析师交流的时候，会发现这些数据分析师虽然熟练地掌握着各种软件工具，也非常熟悉各种算法，但对如何使用数据，如何利用数据创造价值，基本上是一无所知的。

这种情况使得财务 BP 和数据分析师之间形成了上下游关系：财务 BP 提供指导意见，扮演着数据分析师顾问的角色，而数据分析师则落实财务 BP 提交的意见。

财务 BP 是数据分析师的顾问，因为他有 4 个方面是数据分析没办法做到的，分别是：深度理解客户、深度理解业务流程、指标体系建设和

提出有效建议。这 4 个方面是数据分析人员不擅长的,因为数据分析人员掌握的是算法,他们的工作是根据业务人员的要求,对数据进行加工和处理。至于如何解读和挑选数据,数据分析人员并不了解,所以也就没办法去独立完成数据分析工作,如图 5-1 所示。

图 5-1　财务 BP 是数据分析师的顾问

大数据在财务工作中运用得越来越广泛,财务 BP 在进入大数据产业链时,会遇到很多熟悉但又容易让人混淆的词。在此,我们提前了解几个名词:Business Analysis、Business Analytic 和 Data Analysis。这三个词最早在外企中广泛使用,对应国内的岗位名称就是业务分析、经营分析和数据分析。表 5-1 为业务分析、经营分析和数据分析的关系。

表 5-1　业务分析、经营分析和数据分析的关系

	业务分析	经营分析	数据分析
主要工作内容	优化操作流程	对经营进行战略优化和调整	数据统计

（续）

	业务分析	经营分析	数据分析
使用软件	流程图工具类软件	BI、SAS 或 R 软件	SAS 或 R 软件
对业务的影响	微调和优化	探索和变革	继承

业务分析由外企引进到国内，工作重点是在维持现有业务不变的情况下，对现有流程进行优化，从而方便后续的 IT 工程师开发，确保整个操作流程顺畅简洁，最终的落脚点是要由 IT 系统来代替现有的操作流程。

经营分析的目的是要"出见解，促变革"，这一岗位的特点是尽可能多地探索企业经营中的盲区，探索和变革企业现有流程和业务，不局限于细微的优化。工作重点是要帮助企业走出困境，可能是开辟新的产品线，也可能是改变现有的业务流程。就像人受伤一样，有的可能只需要贴一个创可贴，而有的则需要进手术室，经营分析显然属于后者。一家企业越是在遇到发展瓶颈时，对于变革的需求越迫切，这时候更加需要经营分析的帮助。

数据分析的目的是对历史的数据进行统计，从而发表一些见解。这项工作的聚焦点集中在历史数据上，也就是说如果没有数据，那么数据分析将无法发挥作用。比如一家企业开了一个全新的业务线，由于没有历史数据，数据分析师面临巧妇难为无米之炊的困境，无从下手。但可以通过经营分析提出相应的见解，从而发挥出自己的作用。

5.2 数据管理与处理

财务 BP 进行经营分析时的工作主要由七个环节构成，分别是战略聚焦、指标体系设计、数据质量评估、数据管理与处理、报告设计、BI 与探索见解和变革管理与转型。图 5-2 为财务 BP 做经营分析时的七个工作环节。

当做完数据质量评估之后，就进入了第四个环节，即数据管理与处理。这一环节包含四个步骤，分别是采集、存储、调用和计算。

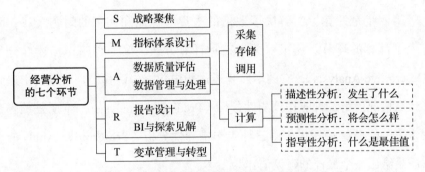

图 5-2　财务 BP 进行经营分析时的七个工作环节

第一步是采集。主要是利用物联网设备（IOT，Internet Of Things）进行数据收集和汇总。数据采集的工具和方式主要有传统的 ERP 系统、各种传感器、数据市场等。绝大部分软件厂商都集中在这个环节，尤其是在 5G 物联网智能时代，很多智能的数据传输和采集设备都围绕着数据采集进行设计和研发。比如，我们熟知的手表、手机、音响、冰箱、汽车、高铁等，都正在源源不断地为数据库输送着数据，汇聚成大数据库。

第二步是存储。随着采集数据量的增大，数据存储变得异常困难。我们主要是用云端服务商把数据存储在全世界的几个大洲，这样做的好处就是数据能同时备份，几乎不可能出现数据丢失的情况，确保了数据的安全性。如果数据只存储在于某一栋大楼里面，一旦这栋大楼出现了电力或者是其他的意外灾害，那么数据可能无法找回和备份。所以云端服务、云端存储以及 SaaS 软件都提供了数据存储的解决方案。

第三步是调用。为了支持分布式存储的数据能够被快速调用，出现了阿帕奇基金会开发的 Hadoop 等解决方案。现在，分布式存储的解决方案日趋成熟，像 Hadoop 这样的软件服务商，正在帮助越来越多的数据平台和企业实现快速地解决数据存储和远程调用的问题。

第四步是计算。当解决了数据的采集、存储和调用的问题之后，就进入了计算的环节。这里一共有三种计算方式，第一种叫作描述性分析（Descriptive Analysis），它的本质是通过历史数据告诉我们企业经营中遇到了什么情况。第二种叫作预测性分析（Predictive Analysis），本质是预测企业未来的经营趋势变化。第三种叫作指导性分析（Prescriptive Analysis），本质是给出一个最佳的建议值作为参考。

以上就是数据管理与计算的核心内容。数据管理与计算这一环节的参与者体量巨大，是经营分析七环节中最为实际且最可感知的一个环节。到了这一环节，也意味着正式揭开了大数据产业链的序幕。由于大数据厂家包含在大数据产业链中，他们大多有投资方的资金支持，在数字化转型中拥有较强的话语权，又掌握着 IT 技术，使得他们在售卖软件过程中常常通过过度宣传来诱导用户购买和使用这些软件，为后续的纠纷埋下了祸根。

5.3 评估数字化转型和经营分析的成熟度

财务 BP 在参与做完数据管理与计算工作之后，接来下需要对数字化转型和经营分析的成熟度进行评估。评估主要是"3 层 9 段"，这一理念最早由 IBM 公司提出，本质是评估企业经营分析的成熟度以及进行数字化转型的成功概率如何。如果成熟度越高，进行数字化转型的成功概率也就越高，反之，则不宜轻易地开展数字化转型项目的投资。

我们把这 3 层 9 段可以理解为初级、中级和高级 3 个阶段，每一个阶段各有三门功课，我们可以用它来评估企业这 9 门功课的水平到底如何。图 5-3 为数字化转型和经营分析的成熟度评估的 9 门功课。

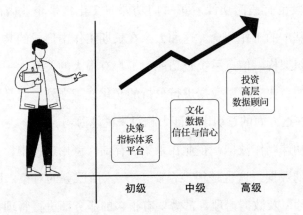

图 5-3　数字化转型和经营分析的成熟度评估的 9 门功课

（1）初级阶段

初级阶段的第一门功课叫决策，由业务部门完成，也就意味着没有 IT 部门的参与，全部由决策者完成。这时候主要考察业务部门能否给出决策建议以及行动方案。如果可以，那么这门功课就可以拿到一个比较高的评分。

第二门功课叫作指标体系，这需要数据顾问的帮助和引导。大部分公司在这个环节上都很薄弱，所以即使引进了信息系统，大家在使用的时候也常常产生口径不一致、数据质量不合格等问题，导致数据无法真正地被运用起来。

第三门功课叫平台，这就是包含了软件和硬件的大数据产业链，各个厂家提供的产品和解决方案集中在这里，即我们前面提到的数据的采集和存储都在这里。

（2）中级阶段

中级阶段也有三门功课。第一门功课叫文化，是企业内部成员的行为方式以及基本的工作理念。这和大家在长期工作中形成的共识与培训有关，也与组织架构、信息系统技巧能力等都有很大的关系。一般来说，越是竞争激烈的企业，使用数据进行分析的文化就越强烈；越是处于垄断地位的企业，在这方面的意识以及能力相对来说越薄弱。

第二门功课叫作数据，企业在采集、存储、调用过程中，主要的工作是生成大量的数据，这也是很多企业 IT 厂家所服务的对象。因为数据的存储、安全性以及数据治理等都需要有很多的服务商进行管理，所以围绕着数据产生了很多的厂家，这就是大数据产业链上的一个特点。

第三门功课叫作信任与信心。这是这一阶段的难点所在，用户如果没有使用数据平台，说明他们对采集的数据没有信心，无法给予信任度，那么我们之前所做的一切都化为乌有。所以信任和信心是非常可贵的。信任和信心都是在上一阶段建立的，只有完成了初级阶段的功课，那么中级阶段的功课才能做好。

在现实生活中，很多企业初级阶段的功课没有做，直接就投入了大量的软件、硬件以及 IOT 信息系统，以为这样就能够自动获取这种分析的能力和高品质的数据质量以及指导体系。其实并不是，前一阶段的工作没做好，后面的目标是无法完成的。

（3）高级阶段

下一阶段是高级阶段，第一门功课叫投资，即企业花大笔的钱购买服务商的设备软件以及各种后续服务。

现在有越来越多的政府部门、企业已经意识到盲目地启动数字化转型项目，其实只是表面上看起来实现了他们的数字化转型的目标，但实际上距离真正的数字化转型还有很长的一段路要走。对于企业用户来说，投资要有，但是他们的辨别意识也在增强。所以企业一方面要有钱去投资数字化项目，但是同时他们也需要有更强的辨别能力来降低项目失败的风险和避免不必要的浪费。

第二门功课叫高层，因为项目的推进，包括软件的落地和最后能不能投入使用，以及决策的落地实施，都与高层的投入和推进至关重要，有超过一半的失败项目和高层有着不可分割的关系，这也是一个企业的数字化转型能不能成功的最大的因素。

第三门功课叫作数据顾问，这是我们财务 BP 以及经营分析人员所扮演的角色。我们在前面讲过，财务 BP 相当于数据分析师的数据顾问，为数据分析人员提供了数据的解读环境，以及所有相关的要求以及背景知识。如果没有了数据顾问的参与，整个大数据项目就仿佛是一辆汽车失去了导航，在没有目标的公路上狂奔，最后浪费了时间和金钱。这也就是财务 BP 在大数据产业链中也要扮演重要角色的原因。

（4）数据管理与计算的误区

在数据管理与计算这一环节，财务 BP 很容易陷入一些误区之中，现在我们来看看主要有哪些误区。

误区一：认为有了信息系统数字化转型或者智慧城市这一类的变革，数据管理和计算就可以自动实现。

这一误区主要源自 IT 厂家的过度宣传。比如在 20 世纪 90 年代微波炉刚刚出现的时候，大家对它不太了解，很多人以为有了微波炉，家里的厨房革命就可以发生了。但是随着大家对微波炉的了解越来越多，发现其实它只是我们生活中比较实用的一种家用电器，还远远达不到实现厨房革命的效果。而 IT 系统的本质是一个实现工具，只是类似于微波炉的加速器，并不能代替菜谱。

误区二：连通了数据和进行可视化，就实现了数据分析和数字化转型。

其实这只是完成了数据的准备阶段，以及图表建立的过程，因为连通了数据和进行可视化，并没有完成图表的解读以及图表的设计，所以并不能因为搭建了所谓的数据中台，使用了可视化商业智能工具，我们就提升了经营分析能力和数字化转型能力。这些工具只是把一部分割裂的数据连接了起来，真正的见解还是由人来建立。

误区三：过度迷信 IOT 等通信技术提供的大数据。

很多人都说我们已经安装了各种 IOT 的设备，拥有了海量数据。以阿里巴巴为代表的互联网巨头的数据存量是海量的，但是对于数据的解读和使用依然在持续摸索，所以海量的数据存量并不会自动地带来数字化转型的成功,以及企业分析能力的提升,也就是说,它并不会自动地写出你想要的见解。

误区四:迷信大力出奇迹,花钱就能解决一切问题。

从3层9段中可以知道,我们要想实现数字化转型,要完成9门功课,从初级阶段到高级阶段,需要逐一完成,不可跳过。这个过程告诉我们,数据顾问如果不参与到数据管理与计算的过程中,IT工程师仅参考所谓行业的一些做法,实际上没有得到用户的参与和认可,最终很难达成交易。

以上是我们在数据管理与计算过程中,企业用户和IT厂家容易进入的误区,也正是因为存在这种误区,我们更要强调财务BP人员和大数据厂家要进行紧密的合作,才能确保企业投资真正的产生价值。

5.4 数据计算三板斧

财务BP的角色并不是IT厂家服务商,对于数据的采集、存储和调用,只需初步了解,把重心放在数据计算上即可。描述性分析、预测性分析和指导性分析是数据计算的三板斧,通过这三步,企业的经营者可以获得因素间隐含的相关性证据,发现事物的变化规律(描述性分析),有针对性地制定策略,预测可能的结果(预测性分析),给出目标和行动指导(指导性分析)。

(1)描述性分析

描述性分析的本质是告诉我们企业过去经营的情况以及现状是怎样的。在数据计算中,绝大部分都是围绕描述性分析展开的,主要目的是深入了解特定事物的特征和规律，以便决策者能找出问题的根源，从而对症下药。

描述性分析的难点在于需要具备独特的观察角度，一方面，这类答案往往隐藏在我们的生活中，是我们习以为常的，如果不能另辟蹊径，从另一个角度来观察，就很难发现它；另一方面，通过线索找出的答案往往是表面的，难以触及问题本质，这样就会使得问题反复出现，治标不治本。要解决这两个难点，我们需要对这一事件涉及的人或事有深入的了解，这样才能找到问题的关键，有效地解决问题。

我们在什么情况下会使用描述性分析呢？

一是做汇报的时候，比如PPT演讲就经常使用描述性分析，通过对一定时期的情况进行描述，我们了解了业绩情况和经营问题。

二是我们寻找问题根源的时候，使用描述性分析能准确地抓住以前没有意识到的事物之间的关联，以便我们采取相应的决策和行动。

三是在深度理解客户和业务流程时，需要使用描述性分析。比如在做客户画像时，我们可以通过多个角度来描述客户的特征；在梳理业务流程时，对于企业当前的业务进展情况如何，以及相关评价，是否遇到瓶颈和堵点，我们都可以用描述性分析来进行呈现。

（2）预测性分析

描述性分析是观察和思考问题的第一步，即了解事情的原委。预测性分析是第二步，预测事情将会朝着怎样的方向发展。

比如某冰激凌企业准备了两个策略来提升冰激凌的售价，第一个是直接将售价提升30%，第二个是顾客购买时，可以参加猜硬币的活动，硬币落地，猜中正面可以免费吃冰激凌，未猜中则需要支付双倍的价格。

这个活动进展如何，就需要用到预测性分析，而实际的结果就是大多数人会选择第二种方案，认为自己能猜中正面，从而吃到免费的冰激凌。

我们知道，硬币下落正反面朝上的概率都是50%，所以平均下来，并不会影响结果，反而能增加销量。

再如，某手表带厂家希望增加销售收入，但是暂时没有办法拓展销售渠道，这时可以从粉丝转付费用户的转化率、提高单位销售价格、增加单次销售数量和年度销售次数这四个方面做文章。通过深度理解客户做好定位，重新明确产品卖点，用户从咨询转为付费的转化率会有所提升，同时，该厂家在调研后发现，手表带和服装搭配，更具时尚性，如果可以研发不同应用场景的新产品，可以增加用户的单次购买数量和年度购买次数，新产品推出还有机会提高价格。

在新策略下，如果影响厂家收入的4个因素中每个因素都能改善10%~20%，那么我们会好奇，总收入额会提升多少？我们做一个假设，本月意向用户100人，原转化率是10%。加入新方案后，人数不变，转化率、单价等发生如下变化，如表5-2所示。

表5-2 收入增加情况表

	原计划	加入新方案后
意向客户	100人	不变
转化率	10%	1+10%
单价	5元	1+10%
一次购买数量	2件	1+50%
一年复购次数	1次	1+100%
收入	100元	363元

预测性分析的本质是在不同的场景模拟出事件未来可能演化的结果。虽然它本身是面向未来的，但预测只是给决策者提供一种可能性的参考，而且这种可能性是可以由决策者自己去选择和调整的，所以预测性分析并不会给决策者提出建议。比如，建议零售价不会在预测性分析中出现。

预测性分析和指导性分析的最大区别是，预测性分析会给出事件发展的所有可能性以及造成的结果，指导性分析只会给出一个最佳推荐结果。从现实中的情况我们也能看到，预测性分析是没有推荐值或最佳值的，从某种意义上说，指导性分析是在预测性分析下的一个特殊变种。

在做预测性分析的时候，我们可以根据是否有周期规律，是否有历史数据，画一个十字象限来做预测分析，如图5-4所示。

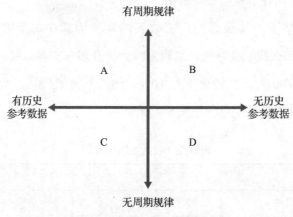

图 5-4 预测性分析的十字象限

A象限是有周期规律、有历史参考数据的部分，是最容易做预测性分析的。最常用的方法是使用Excel进行回归预测。Excel里有一个叫forecast的预测公式，通过这个公式，可以把历史数据作为参考，计算出参考值。使用这种方法，我们可以做天气预报、客流量分析。比如根据季节、空气干湿度等预测未来天气，提醒大家采取防雨措施。

B、C 这两部分的数据有一定历史参考数据或周期规律，可以灵活调控，得以在不同情况和情景下做预测。针对 B 象限，有周期规律，但无历史数据，比如某新开的教育公司准备在寒暑假开办非学科类的培训班，尽管没有历史数据，但是可以预测寒暑假的报名学生人数较多。针对 C 象限，有历史数据，但无周期规律，表明这部分的数据稳定性较差，这时候我们可以设置一个参考值，预测一个区间范围。比如根据以往的数据观察，预测公园或景点的客流量，做好安保措施以及游客疏散工作。

D 象限部分的数据，既无周期规律，又无历史参考数据，最难做预测性分析。对于这部分数据，我们可以采用蒙特卡罗法来进行分析。

什么是蒙特卡罗法呢？蒙特卡罗法是一种模拟随机现象的计算方法，最早由美国数学家乌拉姆与美籍匈牙利数学家冯·诺伊曼在 20 世纪 40 年代中期提出来的。通过这种方法，可以随机抽取数据，并进行大规模模拟运算，得出平均值和标准差，从而在一定波动区间内确定一个比较精准的数值。比如，企业在新产品上市时，由于没有历史数据参考，可以通过数据模拟运算，确定一个精确、合理的销售价格。

预测性分析的难点在于建模。由于预测性分析是基于变量的计算，意味着建模涉及的变量很多，计算复杂，加上在建模过程中会进行多种模型嵌套，使得模型的复杂程度进一步加大。

在数据计算工作中，预测性分析显得尤为重要，主要原因有三个。一是在不稳定的社会经济环境中，以往的经验可能不足以作为当前决策的参考，这时候需要预测性分析。二是建模的时候，预测性分析能形成自制的高级计算器，这种工具可以让决策者直观地模拟出不同的应用场景下的演变结果,节约成本和规避风险。三是建模的方式改变了预测性工作不可知、不可测、不确定的特点,使之变得相对可测量、可预期以及可视化,这为决策提供了非常大的帮助。

有人问,既然预测性分析如此重要,那我们在什么时候需要使用它呢?主要有三个使用场景。

第一个场景是当环境变化比较快的时候,由于不可控因素增多,大家对于未来的发展趋势有着强烈的期待,希望能尽快看出未来的发展趋势和结果,这时候就需要采用预测性分析。而在环境相对稳定的时期,预测相对也会比较容易,这时候就不需要使用预测性分析。比如,对于物业来说,每个月的租金是固定的,收租的日期也相对固定,除非有大规模人员的流动,否则每个月的收益是相对均衡的。

第二个场景是对于决策事件高度关注的时候。一些谨慎型的决策者希望决策少出差错,因此对决策的每一步都"三思而后行",从决策的策划到执行阶段,每一步都要进行模拟演练,并随时跟进每一阶段的进展情况,以便进行调整。在这种情况下,他们会注重预测性分析。

第三个场景是建模的时候。在建模的过程中,要求相应的条件不能变化太快,因为一旦条件改变,就需要重建建模,不时地修正。

讲完使用场景,我们再来讲讲使用预测性分析容易产生的误区。

误区一:建模只用一个自变量。

在做情景分析时,经常有人会围绕某单一变量因素建模,只讨论单个自变量会产生什么样的影响,但是真实世界是多个影响因素共同起作用,因此,建模也需要把各个自变量都考虑进来。就像植物生长需要受到阳光、水和温度三个因素的影响,则植物生长的建模至少要包括这三个自变量。

比如，企业采用 6P 营销理论进行产品推广，如果选择了新的推广渠道，客户转化率就会发生改变，价格也会相应调整，这时候利润率也改变了。因此在做收入预测时，建模要把客流量、付费转化率、单价、消费次数、购买数量等自变量考虑进来。当一个因素"新渠道"变化了，其他几个因素都随之调整了。

误区二：滥用回归分析。

使用回归分析的前提是要有季节性波动，而且使用的数据中必须包含历史数据，而不是统统都做回归分析。不加入历史数据的分析，分析结果容易对使用者造成误导，产生适得其反的效果。

（3）指导性分析

在三类分析中，描述性分析在我们日常生活、工作中使用的频率很高，可能超过 90% 的概率，预测性分析出现的频率相对较少，指导性分析则更多地在决策中有比较高的使用频率。指导性分析的重要性，主要体现在如下三个方面。

第一是我们在做出决策前往往需要一个具体的行动方案，这个方案必须是明确的，不能是模糊的。

比如，公司在推出新产品时，产品的定价是明确的，即便有时为了快速打开市场而会有很多营销折扣方案，但总会有一个指导售价。

第二是在经济不稳定时期，一些企业在采购上采取比较谨慎的态度，因为一旦采购数量过多，如果没有及时销售出去，又需要额外处理库存积压问题；采购少了，又会出现无货可卖的情况。在这种不稳定或者历史数据参考意义不大的时候，我们需要一个稳定的参考值，这就是指导性分析的意义所在。

此外，在使用指标体系评判数据好与坏、正常与非正常的时候，如果数据在指标范围内，我们可以放任不管；但如果超出了正常值，就必须采取相应的策略来应对，以防止恶化。

比如，某企业预测了在没有推广的情况下，每月各个渠道带来的潜在客户的累计数量，假设潜在客户是100人左右，预测付费客户转化率在2.5%。本月做推广增加曝光，新增潜在客户500人，但是转为付费客户的人数并没有增加，远远没有达到2.5%的客户转化率，这就是异常。

财务BP应该马上考虑以下几点：①吸引来的人群并不精准，有没有可能宣传引导出了问题，不应该存在数量这么多的"潜在客户"，远没有达到"合格"的状态，即"已经准备好"的阶段，这里判断是否正常的依据就是预测值2.5%。②采取相应措施，比如需要对新增的"潜在客户"进行电话访问，进行深入了解，倾听背后的诉求，重新做标签、重新分组等，最后这2.5%的付费转化率参考标准也需要重新探讨。③还要重新评估外部竞争环境，综合修改付费转化率的参考值。

第三是KPI考核，很多企业将KPI考核和奖金挂钩，如果KPI考核的目标设计得不合理，既挫伤大家的积极性，又给企业带来不必要的支出，增加成本负担。这也导致很多企业在做经营分析的时候，对于如何设计合理的KPI一筹莫展，他们往往会将项目的失败归咎于指标设计得不合理，认为指标影响了大家的积极性。

在明确如何进行指导性分析之前，我们需要知道在什么情况下需要使用指导性分析。

一般来说，如果在我们的资源比较充裕的时候，可以有比较大的试错空间，可以不用指导性分析。而在企业资源比较紧张、经营环境变化比较快的时候，企业决策失误可能会带来重大损失，或决策不可逆，为了不造成资源过多的损失，就需要进行指导性分析。

比如，现在都在谈企业转型。企业的每一次转型，对于企业发展来说都是在冒险，这时候如果有指导性分析，可以让企业减少试错成本和节约宝贵的资金，让大家能用更快的速度找到转型的方法。

接下来我们再介绍进行指导性分析的两种做法。

第一是做小范围的实验。

如果企业评估认为进行试验的风险是可控的，短期之内也有规律可循，尽管经营环境并不稳定，我们还是可以做一些小范围的实验，并做好相应的记录，在此基础上，通过做预测来获得历史记录进行推测。

这一方法我们可以使用大数定律，随机抽取 30 次的实验结果，通过结果分析，对未来的趋势进行推测。这个方法的前提是实验的规模较小，风险可控，而且允许短时间内进行密集测试，这样我们可以在短期内知道测试结果，成本也较低。

第二是测算和沙盘演练。

如果事关重大，而且一旦失败，很难再重新安排实验。就可以使用计算机进行模拟，避免通过实地实验带来的经济损失。

这种情况通常采用蒙特卡罗法。采用计算机进行大规模模拟测试，在已有的模型中，将数据导入其中，进行随机抽取。在经过成千上万次的模拟测算之后，我们可以从每次的模拟结果中获得一个比较稳定的平均值和标准差，进而确定一个相对稳定的数值区间。也就是说，数据演变的真实结果，很有可能就是在平均值加标准差的区间范围内波动，如果这个范围的结果是我们能够接受的，那这就是最佳估计值。

比如说，一家企业想研发一个新的产品，价格定位比较高端，价格区间在 5000~8000 元，但是由于没有相关的参考数据，所以企业并不知道具体定在多少是比较合适的。

这时候可以在 Excel 当中通过 random 函数获取一个随机数，把销售量和销售单价的上限和下限都填写进去。随后建立一个收入模型，进行模拟测算，计算出 5000 次以上的测算结果表，进而得出平均值和标准差。这时候，我们按住键盘上的 F9 键，可以看到数据在不停地随机变化着，但是我们的平均值加标准差之后的数字会在稳定的精确在万元这个位置上，因此我们的预测收入能得到一个非常合理的估计值。图 5-5 为财务 BP 用 random 函数计算估计值。如果企业在这项上还有一定的支出，我们可以拿收入和支出进行比较，看看这个项目推出之后是否能够盈利。

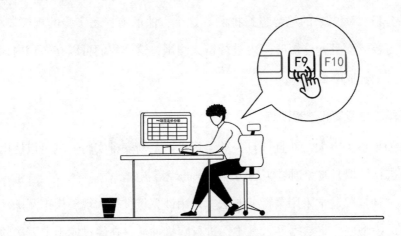

图 5-5　财务 BP 用 random 函数计算估计值

通过模拟测算和沙盘演练，我们可以在预算分析和财务建模上得到大量的应用场景，即便在不确定情况下，都能随时通过搭建模型，模拟演练，获取大量的测算结果，从而得到一个相对稳定的估计值。

知道了指导分析的使用方法，我们还需知道指导分析容易遇到的误区。

误区一：我们在使用 Excel 做模拟测算时，要注意 Excel 中还有一种方法叫规划求解，即在两个因子（一个自变量，一个因变量）之间，寻求最佳值。但在实际应用中，数据的影响因素并不是只有单方面的。也就是说，只考虑一个自变量的规划求解，虽然是一种最佳值的计算方法，但是它的应用场景非常有限，因为真实的场景下，往往是多方面的因素共同发生变化的，而不只是两个因素。

比如，在做营销方案时，如果改变了营销渠道，我们会发现，客流量的转化率、购买次数等都会发生变化。

误区二：认为有了蒙特卡罗法，我们的预测结果就长期有效。

其实不然，使用蒙特卡罗法进行模拟测试的前提是内部和外部的影响因素没有发生重大变化，内部因素包括员工、系统等竞争因素，外部因素包括法律、经济、政治、科技等。

当上述因素发生比较大的转变时，就需要重新建立测试模型，调整测试范围和数据的随机取数范围。所以说，蒙特卡罗法是有时效性的，它对短期预测的效果比较显著。

比如，企业的项目已经进行到确定定价方案的时候，突然受一些诸如政策等因素的影响，项目需要取消了，这时前面所做的一切预测性工作都没有意义了。

总而言之，指导性分析在工作中的应用场景很多。对于想要寻求突破的企业，尤其是经济下行时期，很多事情都无法根据先前的经验来判断，往往需要"摸着石头过河"，同时，手上的现有资金又比较有限的时候，指导性分析是我们不可或缺的分析方式，也非常具有参考价值。

第 6 章
财务 BP 之管理报表

财务 BP 有一个重要作用，就是把财务数据转化为其他业务部门可以理解的内部报表，又称管理报表。管理报表主要是方便其他业务部门理解企业经营状况。不过，管理报表面临一个尴尬的情况，财务的数据口径是基于权责发生制，即决策者的收入账款项并不一定是当月的收入，支出的款项也不一定确认为当月的成本和费用。业务部门对报表的理解却是基于现金收付制，认为只要款项进账了，本月有支出，那就是本月的收入和成本，如果本月没有款项进账，就没有收入确认。

比如，我们交有线电视费是一年一交，分摊到每个月就是有线电视年费除以 12。虽然这笔款项是一次性支付给有线电视公司，但有线电视公司的财务需要每个月确认一次这笔款项的收入。

同样，在一些跨国公司，我们能经常看到一些费用是从总部分摊下来的，有的是公司采购软件系统等无形资产的摊销，这些费用对于各个子公司的经营者来说，可能在没看到管理报表时，完全不知道这些费用的存在，甚至产生疑问："为什么要把这笔费用算在我的头上？"

由此可见，如何解读财务报表成了一个矛盾点。那么该如何解决这两种模式的冲突呢？或者说，过去习惯用的全面成本法、作业成本法，难道已经过时了吗？

要回答这个问题，我们还需要从全面成本法和作业成本法的起源讲起。

6.1 全面成本法和作业成本法

全面成本法起源于蒸汽时代。18世纪60年代，英国率先开始工业革命，将人类带入了蒸汽时代。一方面，机器的广泛使用，促使工作组织方式发生重大变革，工人借助新工具、新设备，可以生产出更多的产品，大大提高了生产效率。人们为了获得更高的收入，渐渐地脱离家庭和手工作坊，而转向工厂。此外，工业革命让妇女也从家庭中解放出来，加入生产活动中。但另一方面，工业革命也产生了劳动力剥削等问题。当时的人们工作非常辛苦，工作时间基本是10小时起步，有的甚至12小时以上。

这一阶段，企业所投入的人力、设备、原材料都是为了生产产品服务的，财务数据的追踪路径非常清晰。这个时候，全面成本法产生了。全面成本法认为，企业所有的开销最后都能归结为商品成本的一部分，成本和报价的计算方法是：

$$单位成本 = 企业开支总和 \div 产量$$
$$售价报价 = 成本 \times (1+利润率)$$

作业成本法形成于电气时代。19世纪末20世纪初，德国开始了第二次工业革命。这一时期，由于现代化设备和生产线越来越多，企业大部分的投入都向固定资产倾斜，使得摊销越来越多。加上商业竞争也越来越激烈，出现了经济危机，很多企业不得不把更多的资金从生产制造上分离出来，用于广告推广和营销。20世纪40年代的美国开始出现"无店铺销售"模式，即企业直接招募直销员，由直销员在固定营业场所之外直接向最终消费者推销产品。这样一来，企业的经营中开始出现营销费用，甚至一些产品还出现了产成品滞销等问题，企业的花费也变得越来越复杂。加上有新的生产设备被研发出来，研发费用也随之出现。

这时，一些企业注意到全面成本法适用的生产条件越来越少，新的费用缺少追踪的手段，成本计算变得越来越困难。后来，有人把生产的环节分成几个操作步骤，每当完成一个步骤，就把这个环节上的成本和费用进行统计，然后逐次递延，进入下一个生产的步骤，这就是作业成本法。

作业成本法虽然一定程度上改善了成本计算的难度，但随着设备和营销费用的比例越来越大，大家发现费用的分摊变得越来越艰难，这些部分的间接成本无法追溯到销售的产品上，加上生产效率的提升，商品不再是供不应求，出现了大量滞销的现象。按照传统的管理会计理念，商品滞销，就会被计入资产负债表里，也就是相当于企业消耗了所有的资源，然后变成了一项资产，这导致只要大量生产，单位成本会变得很低，这和企业经营理念产生了矛盾：卖不出去的产品为什么还要生产？只是为了降低单位成本吗？这样的生产完全不符合投资方的要求，也不符合经营者的初衷。经营者的初衷是要把商品变现，但是如果生产出的商品不能及时销售出去，变成存货积压在仓库里，在报表上却反映了企业的成本在下降，给人一种企业在盈利的假象，这样的做法，是对企业经营决策的误导。

这种状态一直持续到20世纪90年代。在经历数次经济危机之后，欧洲、美国等的经济学家和管理会计领域的人士一致认为，传统的全面成本法和作业成本法已经不能发挥企业经营决策的作用了。于是他们推出了一种新的思路，叫作产量会计。此外，为了避免成本费用的分摊带来的这种随意性的错误决策，他们还在产量会计中采用了现金收付制的理念，和过去的管理会计作了区别。

通过现金流的方式来做企业利润表，解决了财务人员和业务人员难以在同一语境下讨论问题的难题。现在，产量会计成为业务部门和财务部门唯一的沟通平台。

6.2 产量会计的本质及应用场景

产量会计（Throughput Accounting）是一种基于约束理论的生产管理和成本核算方法。约束理论认为，产品或服务的生产销售好比一个系统，产量是该系统的输出。系统由一系列的工序构成，系统的内部含有一些包括未出售的存货、瓶颈资源等制约因素，这些制约因素决定了系统的产量输出，而企业追求的是在有限制约因素下的产量最大化。其中，瓶颈资源是制约产量的关键因素。

在成本核算中，除了直接材料费用以外的其他费用（包括直接人工费用）均被看成同一类固定费用，即运营成本。提高生产系统产量的唯一方法是合理调配瓶颈资源或者提高对瓶颈资源的处理能力。

产量会计和传统会计相比，有什么不同呢？表 6-1 为产量会计和传统会计的对比。

表 6-1 产量会计和传统会计的对比

	产量会计	传统会计
出发点	约束单位成本	生成单位成本
计算方法	现金收付制	基于权责发生制的全面成本法和作业成本法
应用场景	适用于剧院、书店等固定成本高的行业	适用于餐饮、手工艺制作等固定成本较低的行业

首先，产量会计的出发点是基于约束理论，目的是在增加产量贡献的同时减少投资和经营成本的支出，控制成本，实现收益最大化。传统会计基于全面成本法和作业成本法，其重要目的是生成单位成本，并且在财务报表当中有所体现。

其次，产量会计的计算方法是现金收付制，这是业务人员最容易理解的，也是让他们最具真实感受的方法。而传统的管理会计对所有的收入和费用都会按照一定的比例进行分配，对所有的支出进行追踪，并且归到相应商品的单价上。在这个过程中涉及的分配非常随意，导致无法判断计算出来的商品的成本是否具有合理性。业务部门在看到计算结果后，对此很是反感，逐渐产生强烈的抵触心理，他们认为把很多不必要的费用计算进来，增加了商品的成本。

再次，由于产量会计提供的视角是基于现金收付制，具有简单、易操作的特点，业务人员因此能够清晰地认识到当下的管理措施是否有助于提升公司的利润。换句话说，这一视角为业务人员在经营决策的评判上提供了有力支撑。传统的全面成本法和作业成本法，由于掺杂了太多的分配，业务人员无法感受到自己所做的事情是否对企业经营有效，特别是成本中有一些他们感受不到的费用时，增加了业务部门的成本和支出，使得在考核的时候，对他们产生了重大的负面影响，这就是他们反感的原因。

最后，是它们的应用场景不一样，产量会计适用于剧院、书店、通信公司等固定成本高的行业，比如，即便只有一个客人去电影院，整个影院的配套设施都需要正常运转；通信公司不会因为用户越来越少，就把所有的信息系统都暂停，即使只有一个用户，也要维持相应的服务。

因此固定成本特别高的行业在做管理报表时，产量会计是一个理想选择。通过这种计算方式，经营者能更加清晰地确认这个业务是否还要继续下去。全面成本法和作业成本法则更加适合19世纪、20世纪的那种生产环境——业务中所有投入的人力、物力、设备都能够清晰地指向那些有形的商品，尤其是需要分摊分配的费用比例特别低的情况。比如瓷器师傅烧制的瓷器，可能一个月只能出产数件成品，而瓷器的烧制成本可能是师傅几个月的收入，这时候计算瓷器烧制的成本就可以使用全面成本法或者作业成本法。

总之，从管理上看，产量会计通过现金收付制来看企业的利润和收入增减，从而判断经营决策是否有效，这是非常直观的方法。特别是在互联网环境下，产品多以虚拟的形式呈现或者种类特别丰富，人工、设备等又很难追溯到具体商品的时候，我们都可以使用产量会计。

6.3 降本增效

产量会计出现之后，对企业经营决策的帮助是显而易见的，由此也衍生出一个重要的应用场景——降本增效。

降本增效最早源自精益生产，是指通过技术进步，提升单位工作时间的效率和产出，相对减少单位生产成本。发展至今，降本增效的含义也有了新的变化，它不仅是单纯地削减成本，而且是从整体运营效率中寻找提升竞争力的机会，减少内部各部门之间，甚至上下游产业链配合过程中的对于时间、空间、人力、物资和信息的浪费。

降本增效在企业有很大的施展空间，在进行决策时，企业的管理层最关心的是每个决策是否有效。一般而言，降本增效在企业中往往会体现为小范围的微调，比如，对流程调整，对设备调整，对产品线调整，决策层可以通过每一次的微调来观察决策对企业经营的影响,从而快速对决策进行调整。

这个时候按照产量会计的做法,得出下面的公式:

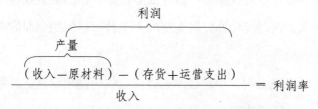

我们可以看到,产量会计的公式是收入减去原材料,得到产量(Throughput),用产量减去存货和所有的运营支出,运营支出包括企业购买的设备和工具,将存货转为产量贡献的各种支出,从而得到利润。最后用利润除以收入,得到利润率,如表6-2所示。

表6-2 产量会计的计算

(1)	收入
(2)	减去:原材料
(3)	产量
(4)	减去: 存货 运营支出 (其中运营支出包括设备、工具、物料、人员、场地等,所有能把存货转为产量的各种支出。这些支出有的表现为本期的费用,出现在利润表中,有的会出现在资产负债表中的资产类项目中,其实质是被资本化的支出)
(5)	利润
(6)	利润率

运用产量会计可以直观地对公司的决策进行评判，其判断标准很简单，只要任何能有效地改善这七大指标（即收入、原材料、产量、存货、运营支出、利润和利润率），具体策略是提高收入、产量、利润和利润率，或者降低原材料、存货、运营支出合计，凡是能增强决策效益，都是理想的策略。

反之，如果只是做了会计上的"重分类"，比如，把主营业务成本划归销售费用，将研发费用做资本化，放入资产项目，或者依旧保持大量存货，或者把员工分成各种小组，不论用哪些高大上的名义，只要看不到任何一个指标可以真正改善，那么这些管理手段都是在"自欺欺人"。

我们再来看下面这个案例。

美国有一个咨询师来拜访一家制造业企业，看到了 CEO 和 CFO 之间对话的场景。

CEO：我们公司的毛利率在下降，你看要如何提升？

CFO：这事好办，我们把厂房里闲置的车间都腾出来，作为客服中心，相应的房租等费用就可以从制造费用中去掉了。这样一来，总的生产成本就减少了，我们的毛利率不就上去了吗？

CFO：另外还可以把闲置的工人转移到售后服务部门，这样一来，人工费也降低了。

这时，咨询师对他们的对话有了新的思考。CFO 的做法有些欠妥：人员并没有裁撤，厂房车间并没有因此而发生任何变化，只是在生产成本上把一部分拿出来放到了营销费用的营销成本里面去，整体成本费用没有任何变化，只是生产成本减少了，怎么能说提高毛利率了呢？这显然是在"自欺欺人"。

从计算的角度看，产量会计的计算过程比较简单，产品的成本除了材料成本，其他都计算在固定成本中，不再需要进行成本的分配，一定程度上可以节约工作时间，能比较迅速地为企业管理活动提供信息。传统成本会计则相对复杂，除了增加了固定成本的分配工作，在核算过程中还容易受到主观因素的影响。但传统成本会计的存货成本更符合公认会计准则的要求，便于企业以此为依据编制对外财务报表。

从管理的角度看，产量会计能帮助企业分辨瓶颈环节，挖掘企业的生产产能。不过，产量会计的存货成本不符合会计准则的规定，加上产量会计成本中除了原材料之外，其他都属于运营成本，因此，这一方法只适用于企业短期的内部决策。

下面我们再看看产量会计在固定成本或直接原材料成本占比很高的情况下的运用。

正如前面所说，产量会计的产生是因为在企业固定成本越来越高的情况下，费用的分配方式容易被人为干预，以致产生过度美化的情况，这样一来，将无法变现的支出进行资本化，经过包装进入资产负债表，列作"资产"，人为调低了确认进入本期利润表的费用金额，无法判断业务是否真的赚钱，这时候需要采用现金流的方式来处理。

比如，以智慧城市软件开发为主的IT公司，主要成本在工程师，但一个工程师往往同时负责几个项目的开发，且每个项目都需要从研发到实施全过程的投入，每个项目进度和投入的时间也不一样。这个时候按照传统成本管理的方法，如何测算每个项目的成本是多少？公司的运营和人工成本很难分配，有的公司真的在工程师电脑上安装了计时器，希望用各个项目累计的时间作为分配依据。可真实情况是很难保证随时随地做记录的，无形的脑力劳动不等于自动计时的机床生产设备，特别是开会讨论、工程师私下付出很难精准计时。有些智慧城市项目从接到那一刻，公司负责人和项目经理就意识到，验收周期长，收款慢，很可能是亏损的，也许是战略需要没有办法拒绝，但这种业务接的越多，公司投入的运营成本越大，最后不仅没有利润，更糟糕的是现金流会断裂。

像这样固定成本很高的业务，在不同产品之间分配看是否盈利，其实质也是"自欺欺人"。评价哪个项目是否盈利，不是在后期追踪项目时长做各种分配，而是在接项目之前就把预计的运营费用都考虑进来，直接把所有的运营费用都当作期间费用全部从收入中减去。

当然，并不是说全面成本法和作业成本法就完全不适用于现代的经济环境了，在一些原材料成本占比高的企业依然适用，比如，餐饮行业。

一般来说，大排档、烤串店里，每种菜品的原材料成本都能计算清楚，而且原材料的市场价格很透明，产成品中原材料占绝大部分，饭馆的固定成本就是房租和人工费，菜品的成本适合用全面成本法，也就是把房租和人工费都分摊到每道菜、每个烤串上，基于这样的成本，乘以毛利就是售价。

由此可见，越是传统的、有形的产品，其成本越是"有迹可循"，传统成本方法越有效，越是无形的，品类越多，传统成本方法越无法分配到每个产品上，从而无法判断哪款产品可以盈利。

总之，如果固定成本或者原材料成本占比低的企业，使用产量会计则更能说明企业经营中遇到的问题。

再者，卓越运营的思路是找出"浪费"，我们在第 2 章中阐述过，企业经营中至少有八种"浪费"，这种"浪费"普遍存在于企业的各个角落，而产量会计的思路是针对浪费直接采取策略。如果行动后，运营成本降低了，则不用再考虑成本分配与分摊，就可以证明策略有效。如果成本没降低，收入也没有增加，不论哪种成本计算法显示利润上升，我们大概率可以判定，管理层采取的降本增效策略是无效的。

比如，某个手表厂家遇到了库存积压的问题，管理层尝试了各种绩效考核方式，包括账期管理、库存数量管理等，以及采用像"阿米巴"模式等一些管理方法，该学的都学了，各种手段都用了，但是厂家继续不停买原材料，继续生产，库存不停积压，即使新增了销售渠道，库存也只是从总部转移到其他更多的渠道仓库，甚至为了节省海外滞销品所占的仓库空间，还需要将其就地销毁，腾出空间继续放产成品，因为运回总部还要承担运费，实在得不偿失。

在这个案例中，这些库存不论是在总部还是在海外，都应该作为"运营成本"直接减去，生产越多，亏损越大。只要该手表厂不能让整体的运营成本减少，任何策略和管理手段都是无效的。不论财务用哪种成本核算方法，只要产量会计框架下的"运营成本"没有减少，财务会计上的利润都是在误导决策。所以，产量会计的管理报表是最佳管理工具，也是用来和各部门沟通的最有效方式。

第 7 章
财务 BP 之商业智能 BI

7.1 BI 的定义

BI 的全称是 Business Intelligence，即商业智能。广义的含义是指由流程、架构、科技手段以及相关服务组成的一整套解决方案。狭义的含义是通过各种数据源，利用互动的仪表盘、可视化软件以及分析手段帮助用户获得见解的软件工具。

从本质上来说，BI 是一种帮助人们实现从原始数据到经营见解的数据分析工具。不过，尽管 BI 中包含了很多的数据分析和方法，它实际上并不能代替人们对于经营现状等问题的理解，以及对经营认知的思考。因此，要想让它更好地发挥效用，还应该让人和科技之间实现联通和互动。

从功能特点上来说，BI 具有三个特点：数据分析、可视化和互动，这三个功能也是它的三个发展阶段。关于这一点，我们在后文详细阐述。

一般而言，我们目前可以通过 BI 来完成以下工作：数据的提取、清洗和上传（俗称 ETL）、数据的下钻（Drill Down）、在线处理（OLAP）报告、可视化、仪表盘（Dashboard）、数据的挖掘和预测等。

不过，BI 也有其适用条件，当我们面临大量的数据或者需要比较大的算力来处理复杂且有关联关系的问题时，使用 BI 能帮助我们快速地找到事物之间的关系和规律。

此外，BI 作为工具型软件，企业购买的时候，容易受到广告等不实信息的影响，从而选择了并不适合自己企业的软件，这是需要企业注意的。比如一些 BI 开发厂商的宣传语中往往会夸大其词，把一些做不到的功能或者不属于这一范畴的功能当成软件亮点，企图掩盖真相，吸引企业购买，如图 7-1 所示。

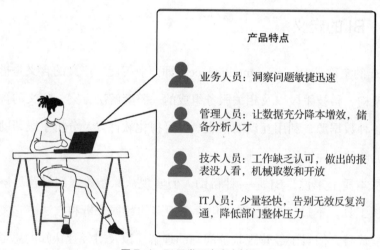

图 7-1　BI 开发厂商夸大其词

他们或偷换概念，如能帮助业务人员更加敏捷迅速地洞察问题——在实际使用中只是在画图的时候更快；或过度宣传，如让数据充分降本增效，储备分析人才——实际使用的时候，BI 只是一个工具，真正分析的工作还是依赖于人本身，这两者并没有必然联系。

总而言之，这类开发厂商都在回避一个事实：商业智能还无法做到代替人类来思考问题，也不可能自主地给出问题的见解和答案。

由于数据的展示形式可能有上百种，让人眼花缭乱，所以我们在使用商业智能的时候，不要把焦点放在展示的方式上，而是要放在我们聚焦于什么样的问题上。

7.2 BI 软件

在介绍 BI 软件之前，我们先看看 BI 的发展脉络。BI 发展至今，大致可分为三个阶段。

第一阶段，是"笨重且不灵活的炮台"。

这一阶段，用户看到的往往是一个个固定的报表系统，虽然它们可以根据更新的数据，制作一些重复性的报表，减少重复劳动，但是从需求的提出，到工程师开发，再到投入使用，整个过程的周期较长，人工成本也比较高，更为重要的是，用户并不参与其中，产出的产品主要功用就是制作报表，比如 Crystal 软件。

这类软件就像是古代的炮台，沉重笨拙，发射角度相对固定，射程也不远。敌人一旦移动或者相距较远，就无法准确射击。我们遇到的经营环境变化快，在问题的观察上要有快速响应，这种传统的开发周期长、开发成本高、业务人员不能参与、灵活机动性差的商业智能就成了摆设，决策者只好拍脑袋凭感觉来作决定。

第二阶段，"全民皆兵，用户全面赋能"。

这一阶段，企业用户看到了软件的一些弊端，相关的决策者也希望缩短分析系统的开发周期，因此他们希望亲手来操作，把分析的主动权掌握在自己手上，希望能随时从各个角度来观察和分析，并不用工程师参与。

于是出现了当今世界主流——BI 软件。

后来，BI 演化出面向普通使用者水平的 User Level 和开发者水平的 Developer Level 的商业智能软件。绝大部分基层业务人员就使用 User Level 即可，高级的、有更深层需求的业务人员可直接使用开发者水平产品。

这一阶段最大的进步是所有的业务人员都不需要专门去学习 SQL 等软件程序语言，很快就能上手。业务人员终于掌握了主动权，可以将自己的想法和实际的需求随时付诸实践，快速得到效果。

BI 发展到这一阶段，对专业的工程师的需求大为减少。可以说，商业智能从贵族走向了平民，不管公司规模如何，包括普通人，都可以通过商业智能工具的帮助来形成见解，真正实现了"全民皆兵"。

第三阶段，人工智能的全面介入。

这一阶段，互联网全面普及和运用，加上智能 AI 的加入，使得 BI 软件朝着网络化、智能化方向发展。目前，BI 软件处于人工智能 AI 和商业智能 BI 组合的阶段。比如，用户可以直接对机器提问"我想知道哪个大区的销售额是最高的？"随后计算机就能通过语义理解，在后台抓取数据、图形，并将结果可视化。整个过程无须用户和工程师单独参与、处理。

在人工智能介入之后，用户是否掌握 SQL 等软件程序语言都无关紧要，更为重要的是如何思考和提问。

7.3 BI 的选型

目前，全世界提供商业智能产品与服务的厂家很多，产品种类高达数百种。这一领域有世界三大巨头 Qlik Sense、Tableau 和 Power BI。

五花八门的软件产品，如图 7-2 所示。如何选择，一直是广大用户关心的问题，我们可以通过如下几个思路找到适合我们的 BI 软件。

OWOX BI
★★★★★
OWOX BI是您的个人营销分析师。它将帮您找到实现您的营销计划的最佳路径，以及您的增长领域和薄弱环节在哪里。OWOX BI将构建任何营销报告，以便您了解哪些渠道有效以及哪些渠道成本高消耗大。OWOX BI还能将您的网站、CRM 和广告服务中的数据合并到一个数据库中，从而节省您的时间并帮助您摆脱手动的数据分析。

Deep. BI
★★★★★
Deep. BI 收集与发布相关的各种原始事件数据，如客户行为等，并实时分析这些数据。

Dundas BI
★★★★★
Dundas BI 是一个企业级、自助服务、BI 和分析工具，集成在一个完全可嵌入的平台中。它能提供强大的仪表盘、报告和可视化数据分析，使用户能够访问他们的所有数据，以做出更快、更好的决策。Dundas BI 可以让您在任何设备上轻松连接、分析和可视化任何数据。

Visual BI
★★★★★
VBI 视图可以帮助企业克服多个BI 平台所带来的挑战。除了提供对整个企业的BI 内容的集中访问外，VBI 视图还带有一系列强大的功能，以促进内容的可见性。

图 7-2　应用商店的 BI 软件

思路一：分析时是否不受路径限制，可以从任何角度探索。

在使用 BI 软件进行分析时，使用者往往需要跨职能、跨组织地从多个维度进行探索，如果一款软件能做到这样，那对于财务 BP 进行路径分析时，绝对是个强力的助益。这一思路的验证方法也很简单，就看是否需要 IT 工程师的支持。比如，当财务 BP 产生一个新的想法或疑问时，如果期间不需要工程师的帮助，我们自己就能去探索出答案，就说明这个软件是比较理想的。

思路二：可视化的互动过程是否有人工智能的帮助参与，是否受到路径的影响？

比如，创建图表的时候，商业智能工具会不会给你提供各种建议，比如选什么样的图形，建议做哪些标注等。

思路三：数据的集成是否自由，没有限制。

集成是为了能够从不同的数据源持续不断地获得数据。在这个获取的过程中，障碍或限制要求越少越好，因为限制太多，工具的效用就会大打折扣。比如，有些工具要额外购买其他的软件程序，才能处理不同类型的问题。

思路四：在批量处理数据时，系统是否能始终保持实时响应的状态。

随着时间的流逝，企业积累的数据变得越来越多，使用者在调取的时候，系统响应的速度变慢。是否能始终保持实时响应的状态，自然就成了一个重要参考指标。如果有一款软件能在处理的数据量比较大的时候，依然能保持流畅的运转，不会出现卡顿或者无法运转的情况，不用犹豫，选它准没错！

思路五：跨平台跨系统的嵌入能力如何。

为了让公司内外部的利益相关方实时共享最新可视化的结果，BI 能够通过 API 在不同的电子设备、网站和信息系统（比如 ERP）里面自由嵌入分析图表，达到内部的员工与外部的供应商等合作伙伴各方实时共享互动的目的。使用者无须高成本开发，就可以在自己熟悉的工作和阅读环境和 BI 之间来回跳转，就可以看到共享的可视化结果，从而让决策者更快做出行动。

比如，财务 BP 和供应商之间每天对账，就可以共享一套数据图表。

这些图表就可以嵌入供应商的 ERP 或者他们的报告系统当中，这样双方看到的是同一张图表，而且是实时更新的，这样做出决策和反应速度会非常快。

再如，如果企业需要在官网实时对外公开一些数据和图表，让用户直接在官网网页上就能看到实时信息，而无须登录公司商业智能的软件。挑选的关键就是商业智能是否支持完全不受限制地在各平台各设备、各网站、系统之间实现安排嵌入。

思路六：人工智能的参与程度。

一般来说，BI 不仅仅是一个画图工具，还会配备人工智能和机器学习，为使用者提供探索见解和观察角度方面的指引。这一功能，对于初学者来说是很重要的。

思路七：在移动端使用的功能与效果。

为了突破对计算机的依赖，使得软件的使用不受时间和空间的限制，无论是会议展示，还是面向客户，在移动端操作的时候，能大大增强互动性和快速做出决策。

以上是我所知的比较实用的识别商业智能工具的方法。相信有了这些方法，在选择软件的时候，大家不会再一头雾水、不知所措了。

7.4 如何使用 BI

在挑选了 BI 软件之后，就到了实际的运用环节了。

当前，由于商业智能软件已经和人工智能技术紧密结合，大大降低了使用者的门槛，用户不再受到 IT 技术知识的局限，因此，财务 BP 的紧要任务不再是学习 SQL 等程序语言，而是掌握使用 BI 的方法。

根据对用户技能的要求，商业智能的使用情况分成两种，一种是普通用户模式，也叫作 User Level，另一种是开发者模式，也叫作 Developer Level。

普通用户使用商业智能主要是为了解决日常常规报告的数据与图表需求，比如日报、周报、月报等。因为常规报告的目的是为了更新数据，所以关于图表的样式，还有口径等这些技术问题可交给工程师提前开发好。工作人员用商业智能只查询，并不做更多的创造性的思考和探索。这些软件的操作只需要根据预设好的字段进行筛选就可以完成任务，不需要任何计算机语言的学习。

比如根据预设的时间、地区、产品线业务员等字段进行筛选查询，可以看到某一段时间的销售额、销售业绩排名，以及本月和上个月的业务量比较等。筛选完毕之后，只需要记录结果，就完成了 BI 工具的使用。

但是对于财务 BP 而言，如果要探索出更深刻的见解，需要一些创造性的思考，这时候就要学习一下商业智能工具了。学习的深度最好能够达到开发者的水平，这样可以随时根据自己的想法自行搭建模型（也称为 Application），不需要寻求工程师的帮助了。

商业智能工具的学习一般是从零开始，独自完成建模。模型开发的过程可能很快，但是真正要能发挥它的作用，首先要有一份设计的底稿。这就需要我们完成经营分析七步法的前几个环节，比如正确聚焦，包括明确要回答什么问题；分析的角度；业务部门决策方案。这些信息会对指标的解读有很大的帮助。然后，制作指标体系档案卡，包括指标名称、取数口径、计算公式、图形样式等，这些准备好了，后续做图表会非常快。

再做好数据质量评估，确定数据的提取路径。将数据源导入商业智能工具，进行数据库关联。这些准备工作是环环相扣的，每一个环节都会帮助提升分析的质量。所以说设计与准备，比单纯使用商业智能工具本身要花更多的时间，而且也更关键，更需要研究琢磨。

接下来就是仪表盘的布局，我们会在第 8 章中单独讨论。

再是图表建模。因为商业智能已经把建模门槛和难度降低了，将需要的图形进行拖拽，用简单的命令就可以将数据聚合，并计算出结果。于是，在设计底稿的帮助下，我们能快速生成一系列图表。

商业智能的使用，难点不在于工具系统本身，而在于使用思路。智能工具本身并不带有任何分析的思想，虽然有人工智能的辅助推荐，比如，在做销售员业绩统计的时候，系统可能会推荐"按产品线进行销售业绩的统计"，或者是"按地区进行销售业绩的统计"。但是创造性的思考是机器人所不能提供的，独特的视角是最宝贵的，这也就是为什么不同的人使用相同的商业智能工具却会有不同的见解。

独到的分析观察的视角，这是连商业智能的厂家都梦寐以求的一种能力。因为他们的工程师一般会按照业务需求说明进行部署和实施，并不具备成体系的分析思路。所以，要想获得和提升自己的分析能力，需要练习一些分析方法。如第 4 章讲述的 MECE 分析方法。

除了学习，财务 BP 还应该积极参与到选型环节中去。如果能参与到企业数字化转型中，并有机会对商业智能工具的选型提出意见，就要尽量从上面的标准中去考察。因为财务 BP 自身是未来商业智能工具的使用者，如果不能参与到选型中，后续的工作效率可能会大打折扣。

除此之外，在学习和使用 BI 时，财务 BP 容易遇到很多的误区和难点，需要注意规避。

一是提问。如果提问不恰当，收集的数据可能就无法使用，或者用起来不顺畅，而这又是商业智能工具本身无法帮我们解决的。因此，作为使用者，首先要学会提问。学会了提问，就可以让商业智能工具快速做出我们想要的图表，从而实现数据可视化。比如，上面的案例中，企业还想了解保险销售员的学历和他的业绩是否相关，而商业智能本身不会自动将两个因素进行关联，所以整个探索的过程就是从提出问题开始的。不同的人，基于对商业智能工具的不同见解，会采取不同的提问方式，这也是为什么使用同一个工具，却产生了不同的竞争力。

二是不要使用太多工具。对于大多数人来讲，一个工具足矣。虽然 BI 可以帮助我们快速处理一些问题，但不意味着 BI 工具越多越好。全世界的商业智能工具有数百种，而且迭代速度非常快，对财务 BP 的 IT 技能要求也越来越低。到目前，BI 已经发展到只需要对它提出一个问题，它就能根据问题自行整理、计算和展示结果的阶段了。在一开始使用 BI 时，人们会惊叹于 BI 产生的好看的各种图表，有的人就会因此去学习很多 BI 软件，但是使用的软件越多，反而不利于工作效率的提升，就好比"差生文具多"。因此，不必痴迷于 IT 工具的数量。

三是不对数据改善期望过高。财务 BP 虽然不负责数据治理，但是可以引导和帮助数据部门，因为财务 BP 要用这些数据去呈现结果。对于数据质量的改善，不要期望于商业智能本身。一般来说，花费时间最长的是数据的准备，因为我们生活中 95% 的情况下数据质量不合格或者是没有数据，大家一般沿用了以下步骤：数据——可视化——见解——建模和行动。

那我们要如何解决这个问题呢？这就回到我们财务 BP 经营分析七步法，只有做好前三步（也就是正确聚焦指标体系设计和数据质量评估），所需要的数据才能够正确采集，数据才能够为可视化所用。

7.5 BI 的运用场景

场景一：发现高度相关的因素，便制定相应的行动方案。

比如，保险公司在做最佳业务员分析时，在 BI 仪表盘上，按业绩降序排列，统计了学历情况，入职培训的培训项目与培训次数，这些因素都可能与业绩相关。在选中排名靠前的人的时候，学历的统计和培训情况的统计都发生了联动的变化，发现其中有一个共同的规律，就是他们的学历普遍比较高。随后保险公司决定尽可能多地招收一些学历高的人。

场景二：调整不同的策略或者方案时，我们将会收到什么样的结果，即如何用商业智能展开情景分析？

在情景分析当中，管理者会提出各种假设。比如，如果战略上或者是策略上做了什么改变，我们将会怎么样？这里面的关键与难点就是在于如何提问，以及如何解读。

这个时候需要商业智能来帮助快速呈现不同假设条件下的结果，缩短决策的过程。比如，某个公司为了推动销售，设计了不同的产品套餐和组合。在验证不同场景下会是什么样的效果的时候，业务人员在仪表盘上先单独选中 A 产品，观测其销量趋势，以及购买者的年龄结构、地域分布特征等。随后做了个假设，将 A 产品和 B 产品进行组合，就把 A 产品和 B 产品一起选中，观察业绩趋势。接着再单独选择 A 产品和 C 产品，搭配 A+C 组合，观察购买者的年龄段和分布特征有没有变化。

在这个过程中，业务人员可以很自由地进行不同条件的组合，随时观察不同情况下客户的结构变化以及销售趋势，从而决定与他们的产品的组合策略是否要继续调整。

场景三：因素调整，看计算器的测算结果。

在建模时，财务 BP 人员可以针对相应的变量因素进行调控，观测不同情况下的计算结果。

如图 7-3 所示，这些模型可以由专业的工程师完成，财务 BP 不用担心。这时，最有价值的部分不在于建模的过程，而是还有变动因素的设计。财务 BP 随时在这个计算器上进行调整，衡量不同场景下的影响，从而帮助企业规划和调整经营策略。

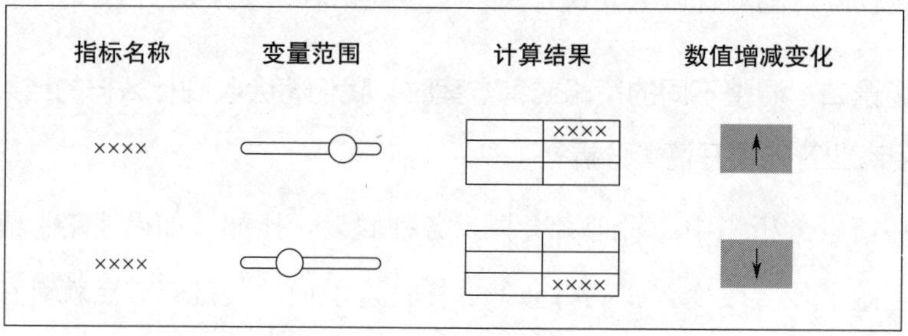

图 7-3　模型测算

第 8 章
财务 BP 之报告

财务 BP 的一项重要职能是出见解，它的承载物是报告，而报告是有价值的信息和情报的载体。

这也是为什么我们经常会看到岗位描述中说要提供报告、参与报告的设计与制作。从实际情况来看，报告从设计到交付对于财务 BP 来说是一项非常重要的工作。

8.1 为什么需要报告

报告是公司内部收集、处理、存储和呈现信息的一系列手段和措施，也是化繁为简的过程，特定目标群体和利益相关者可以便利地访问对内或对外公开的数据。一般来说，为了回答特定的问题，将相关资料编辑在一起，称为"报告"。

报告的本质是先夺人眼球，再让读者理解作者想传递的信息。最恰当的类比就是杂志封面。我们一眼看过去，不需要看正文，就能够大体知道文章想传递的信息。

报告不在于长短，而在于读者能否注意到关键信息并且准确理解。这两点如何做好是本章的主要内容。

在这个信息泛滥的时代,人们被无数信息碎片环绕着,注意力是非常稀缺的。我们做出了再好的见解,如果无法吸引读者的眼球,之前所做的一切都将付诸东流。

同时我们又需要有深刻、独立的观点和见解,这就是财务BP和经营分析的价值。

那么,一份优秀的报告应该是什么样的呢?我认为主要有3个要素。

第一,足够抓人眼球。

快速地让读者注意到报告,这事和科学、IT无关,和逻辑也无关。报告是偏感性的,和美术与版式设计有关系。

第二,有精炼准确的文字做说明和解读。

文字不在长而在有深度和独特的观察角度。虽说一图胜过千言,文字所表达的抽象概念是图片所不能代替的,甚至至关重要。另外,因为图片只是一个瞬间状态,可以解读信息的角度非常多,要保证让读者正确聚焦在我们想表达的见解上,需要用文字描述来辅助。

第三,报告的全文布局要有逻辑。

一篇报告的基本要求是阅读流畅,逻辑顺畅。这就涉及报告的内容布局,即仪表盘的脚本设计。我们后面会介绍。

8.2 报告、报表和商业智能仪表盘的关系

有人会问,既然财务BP的一项重要工作是做报告,那我们公司有很多系统都能生成各种报表,比如预算系统、商业智能系统、财务系统、统计看板、内部开发的管理报表系统,有了这些,财务BP的报告工作是不

是就可以被代替了？

在回答问题之前，有必要先了解一下报告、报表以及商业智能的看板、仪表盘之间的区别与联系。

报告是有完整结构的，是包括观点及其论证依据的整体。按照上述三要素来看，报表和商业智能软件都不能满足报告的要求。所以，它们只能是报告的素材来源。

各种报表，胜在有逻辑，整体来说还是以数字为主，枯燥且不直观，缺少深度观点和解读，更没有抓人眼球的设计。比如财务报表，布局虽然有逻辑，但没有信息可视化，全部都是数字，无法让人抓住要点，至于观点解读更是因人而异，所以信息吸收的效率很低。

商业智能软件创建的仪表盘虽然有足够吸引人眼球的可视化设计，但是缺少文字解读和逻辑布局。具体来说，商业智能软件 BI 不能提供分析思路，它只是一个视觉呈现和计算工具。所有图表都是从零搭建，创作者往往需要临时添加"补丁"，彼此之间的排列顺序和样式选择根据个人喜好和阅读习惯而定，设计思路直接影响了读者对于仪表盘的使用效果。最常见的场景是，管理者在看到炫目的可视化仪表盘后，会不由自主地问道：我看到了很多图，但是你想告诉我什么信息？

这里提到了一个概念——信息可视化（Infographic）。目的是让读者不需要阅读文字就可以理解其含义，比如男女厕所的图标，安全出口的图标。还有一些经济类的杂志，把枯燥的数据标注各种可爱的图形、对比色彩或显著的箭头，让读者注意到作者想强调的内容。

需要说明的是，我们把文字、数字和图表进行可视化转换也不一定都完全使用软件和工具，可以通过手工制作，只是效率会低一些。

至此，我们会发现，财务 BP 是不可以被机器所代替的，他的职责是利用各种系统提取报表或者数据资料，再结合商业智能，进行加工处理、设计，制作出容易理解的、有新颖观点和解读的文章。这就是财务 BP 的价值所在。

8.3 报告的制作方法与原则

把文字、数字和图表进行可视化转换时，需要掌握一些方法。

（1）吸引眼球的可视化设计

关于信息可视化，可以借助一些 SaaS 类软件工具，如 Visually、Sisme 等。

可视化的图形尽量尊重读者的阅读习惯，不求酷炫。可视化的图形在设计的时候，要把追求的目标放在读者能够快速理解上，而不是炫酷，因此要尽量尊重读者的阅读习惯。如果有机会的话，可以事先征求一下读者的意见。比如，在外企很常用的气泡图，很多民营企业的管理层并不常用。

每张图上都要做好圈点标注。在需要读者聚焦注意力的地方，运用箭头或者是圆圈，使之醒目。

图表数量要少。正文中能用文字说明的不要用图表，只有在不得已的时候，才用图表展示。因为后面有附录和附注，可以把参考图放在其中，所以好的分析正文里，图表一般不会超过 3 个。

图形中的颜色尽量使用双色。我们可以把想强调的部分用深色蓝或者是红色，其他参考的颜色尽量用灰色或者浅色。比如，为了凸显销量在近期呈现下降的态势，通过柱状图呈现，将最近这个月的颜色标成红色，其他各月都选择灰色。这样，读者的目光就一下子被吸引到红色的柱子上，也就是最近这个月的销售量上。

（2）见解与文字描述

关于见解和分析角度，我们可以回顾参考 MECE 分析方法。

关于编写报告，有如下几个建议。

第一，每个观点的小标题尽量是一个完整的含义。

第二，在表达见解的时候，要包含发现的特征、变化、规律背后的含义，更多的笔墨要用在预测将会产生什么样的影响和行动建议上。

对于问题的根本原因，我们可以通过访谈获得，也可以是从图表的观察中获得。不要局限于公司内部已有信息数据，关于采集哪些数据，要参考经营分析的第一个步骤"正确聚焦"，对于如何采集数据，以后将会在进阶篇介绍。

第三，篇幅一定要短，不要套模板，避免形式主义。有的企业把分析报告当成"例行公事"，明明没有见解，非要写出一些空话套话凑字数。作为见解的载体，只要能有新观点、新发现，就算成功，不要因篇幅太短而羞愧，我们所处的环境信息泛滥，需要筛选有价值的信息。

判断报告是不是合格，你只要站在用户的角度，扪心自问愿不愿意为这份报告而付费就可以了。

（3）逻辑与结构

书面报告的逻辑原则和仪表盘的布局原则是类似的。书面报告的结构共分成四个部分。

第一部分是全文提要。这个部分主要反映两方面内容，遇到的问题，得到的结论与方案。这个结构很像写论文，千万不要把结论和建议放在报告结尾处，让读者满篇找就不好了。

第二部分是因素分析。这部分主要反映结论背后的影响因素。作为分析报告的主体，最让人头疼的就是维度分析，重点就是分析的维度和角度，既要有新意，又要相对成体系，不出遗漏。我们可以使用 MECE 分析方法进行维度拆解。主要从构成要素、业务流程和计算公式这 3 个方向去拆解分析的要素。更多内容我们可以看 3.3 节关于 MECE 分析方法的介绍。

写的时候，我们会参考模型，比如在市场分析时用 SLEPT 或五力分析模型，市场营销用 6P 模型，在业务降本增效、挖掘浪费时用 DOWNTIME 模型，收入的构成和影响因素用五因素法等。

在实际运用的时候，模型中的小标题不可以直接套用，而是结合自己公司的业务场景，这样才不会让人觉得有照本宣科的脱离感。

第三部分是行动计划。对影响因素有更深一步的了解之后，管理层要采取行动。为了便于指导业务部门开展活动，财务 BP 可以提供联系人和所需要的资料等。比如，电网企业要找到有恶意欠费特征的用户，需要业务部门提供这些人的联系方式，还有欠费的实际金额等信息；如果销售企业找最佳业务员，就为招聘部门提供最佳业务员的简历等资料；如果做供应商管理，就需要提供符合条件的供应商的联系方式以方便采购部门签订框架协议。

第四部分是辅助与底稿。在建模和预测过程中，会形成结论的支持文件。比如，和业务部门商定的决策计划页面设计手稿、计算形成的图形、图表、测算模型等一起构成的底稿。

（4）商业智能仪表盘的布局

书面报告的框架逻辑也可以套用在商业智能仪表盘的设计上，但因为电子屏幕不会像书面报告上一样分段落、有标题，所以为了让决策者快速掌握图表之间的内在逻辑关系，对于布局设计要更加讲究。整体来说，也可以分成四个部分。

第一部分是隐形的。这部分的内容主要是回答"我们需要回答什么问题"。这个部分是要单独写在纸上的，并不出现在仪表盘上。

由于它最容易被忽略，很多人在设计仪表盘的时候，光顾着图表自身的设计，但是却忘了到底要给观众解答什么问题。

比如，业务人员经常会抱怨，在商业智能仪表盘上已经有太多的图表了，但是他们想用的信息却没有。同时，产品部的工程师也很沮丧，因为他们开发的图表使用频率并不高，大部分都没有用起来。老板也很心痛，因为大家所投入的时间精力都浪费了。

这些问题的根源，其实还是在设计之初，大家都没有想明白这一页的仪表盘到底要回答什么问题。这个内容与经营分析第一个环节"正确聚焦"相呼应，可以参考 3.3 节三合一模型的内容。

第二部分是 KPI 结果展示。

我们可以将屏幕横着分成上中下 3 个部分。上部分放置 KPI 值。

因为大家的阅读顺序通常是从上至下、从左到右，所以上部分最左边的位置是最为宝贵的。最适合放量化的 KPI 数值，表示已经取得的业绩成果。因为这是使用频率非常高的信息，放在顶部，比较引人注目。在布局的时候，各个 KPI 值不要太近，以确保容易识别。

第三部分就是影响因素的分析。

影响因素分析对应着分析报告主体的每一个小标题，内容最为丰富，可视化形式也最多，包括地图、曲线图、表格图等。这部分主要分布在屏幕中间，从左到右逐一排开。由于电脑屏幕面积有限，所以一定要慎重选择模型，控制图表的数量。

第四部分就是行动指导。

这部分在屏幕的下部，可以安排行动需要的表单。表单不需要完整展示，展示几行就可以，它的内容是我们行动所需要的信息。比如，企业推出了新产品，根据用户画像，挑选出了一批极有可能成交的意向客户。为了精准跟踪，需要提供准客户名单、地区、联系方式和他们的咨询记录等并形成一张表。直接可以导出，作为行动指导资料分配给合适的业务人员。

8.4 图形设计的原则

图形经常用到的是 5 种类型，分别是 KPI、构成、比较、趋势和相关性。在每一种类型下，在图形的选择和使用上都有一些技巧和原则性。

（1）KPI

图形反映的都是量化的数值，所以有一种方案就是将两个相关性的数值放在一起，同时要加上计量单位。这样的好处就是当我们在其他筛选条件改变的情况下，这两个数值会在一起发生变化。这样的设计对于那些对数字不敏感的人来说是非常有帮助的。比如，将本月毛利金额与毛利率放在一起，如图 8-1 所示（注意：下面所有示意图，均为国外某商业智能软件的显示情况，因此有些内容显示为英文）。

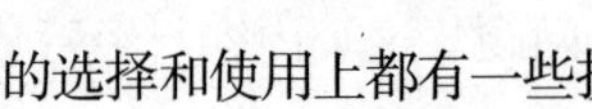

$$43.4M\ ^{44.0\%}$$

图 8-1

还可以增加表示上升、下降的符号，比如本月与上月的订单金额以及增减变化情况，如图 8-2 所示。

$41,348M ▲ $4,774LM

图 8-2

（2）构成

可以用饼图，也可以用堆叠图，但是二者略有不同。饼图是表达某一个瞬间不同的成分比例，没有趋势的含义。比如，月末应收账款的账龄构成，如图 8-3 所示。

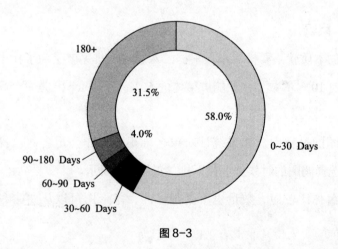

图 8-3

堆叠图既反映了结构构成成分，也可以反映趋势，结合柱状图的形式出现。比如，公司有多条产品线，结合比例结构的调整也能看出各产品线收入在一段时间内的趋势，哪些业务正在萎缩，哪些业务正在成为公司的主力，如图 8-4 所示。

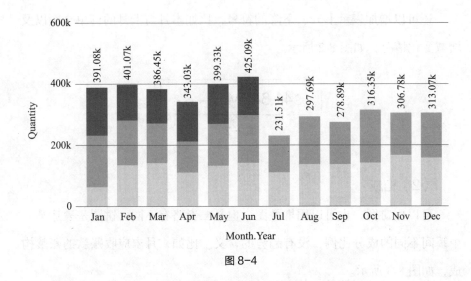

图 8-4

(3) 比较

比较的本质就是要排大小,根据二八原理,排序就是为了找出主要矛盾。一般前 10 名的数量往往能占整体的 50%,所以 top10 是一个高频使用的图表。

在画图的过程中,如果统计对象名称很长,如公司名称、我的布局等,可以选择调图的时候从上往下排,如图 8-5 所示。

对于名称比较短,数量也不是很多的,条形图可以从左往右排,如图 8-6 所示。

如果统计对象的数量特别多,超过了 10 个,那么建议把第 11 个到最后一个当作一个整体,列做其他。

如果我们关注占比的排序和相对值,一般建议使用饼图。如果我们关注分析对象的具体数量之间的关系,则可以使用柱形图。

第 8 章 财务 BP 之报告

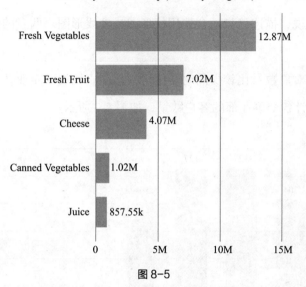

图 8-5

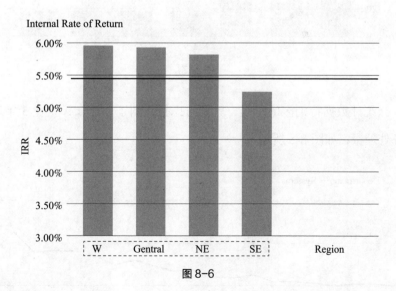

图 8-6

（4）趋势

一般来说，描述趋势适合使用柱形图或者线形图。两者的使用场景略微不同。

当统计对象数量比较少的时候使用柱形图。比如，企业共有7个事业部，需要统计各个事业部的客户数量，如图8-7所示。

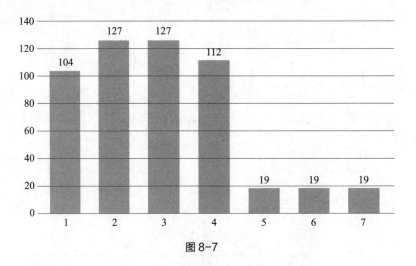

图8-7

当统计数据特别多的时候，就要考虑折线图了。比如，企业3年来的业务处理量，如图8-8所示。

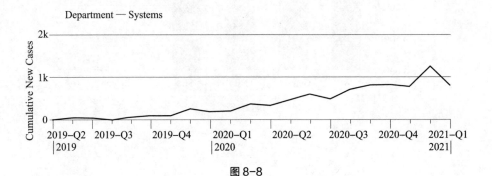

图8-8

(5)相关性

相关性一般是为了证明两者之间存在某种关联,适合使用散点图。

一旦发现存在高度相关性时,如果在一条延长线上所有的散点模拟出一条直线,可以用此建模进行预测。比如,信用卡的额度与消费使用情况,如图8-9所示。

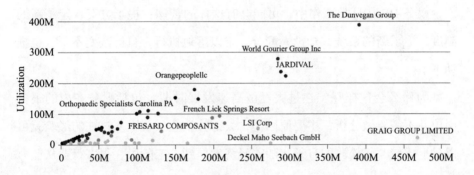

图8-9

第 9 章
财务 BP 之变革管理

财务 BP 在日常工作中，可能会有这样的苦恼：提了方案，定了新的制度，上了新的系统，却没人配合，难以落地执行，自己改变不了，也推动不了。

为什么会这样呢？在过去经济高速发展时期，包括财务在内的很多岗位并不需要做分析，主要原因是，大部分企业只要重复过往的经验就可以过上比较"轻松"的日子。随着经济发展到一定阶段，很多行业从蓝海变成红海，内卷严重，过往的经验很多都失灵了。这个时候，企业为了发展，纷纷走上变革转型之路，应运而生的财务 BP，自然也被要求参与到变革中去。

9.1 变革管理的含义

一般而言，企业内部存在两种改变方式。一种叫改善，比如我们在前文讲过的卓越运营，从 DOWN TIME 等 8 个方面来减少浪费，每个职能部门甚至每个小组都能从自身寻找改善、调整的空间。第二种叫转型变革，改变的规模和范围都很大，如同做手术。在企业转型过程中，变革管理对转型变革过程的帮助会更多一些。

变革管理（Change Management）是企业管理模式之一，既包括类似"卓越运营"的微调，也包括变动较大的"改革"。当企业发展增速放缓，内部产生一定问题，且无法适应经营环境的变化时，企业就会考虑组织变革策略，来帮助整合资源并合理安排生产经营活动以提高企业的经济效益。这也是企业招聘财务BP的最终目的。

变革管理是一个英文直译的词，在国内更喜欢称之为"落地"，但是两者还是有差别，如表9-1所示。

表9-1 落地和变革管理的差别

		落地	变革管理
不同点	指向不同	结果	改变人的行为
	关注点不同	取得某种结果	人和利益相关方
	目标不同	分层、分级，实现阶段性目标	企业转型
共同点		引导行为的改变，最终达到预设目的	

落地本身有着丰富的含义，一般指向的是结果。根据角色和职责不同，有不同的落地结果，比如，商业智能软件厂家落地，就是要确保软件功能正常，至于能否发现新见解，数据质量好不好，不是软件厂家的责任。再如，财务BP的落地就是提出新的发现和见解、新的观察视角、新的思考模型、分析框架，新的咨询方法等，至于这些建议、见解能否得以执行，不在他的责任范围内。而对于公司的高管和老板来说，他的落地就不能仅限于观点、见解、工具，而是经营的业绩和人的行为的改变。

变革管理表达的是一种面对冲突，采取有效的策略来化解矛盾，并且最终实现人行为改变的过程。所以说，经营的业绩在变革管理考量的范畴中是好是坏可能已经不重要了，它重点强调的是对人的行为的改变。

企业变革管理更关注的是人和利益相关方本身，而落地更关注的是取得了一个结果。

落地又是分层次的。由于落地以结果为目标，在对利益冲突的反抗一方的处理中，它的缺陷就暴露出来了——在遇到阻力的时候，为追求一个形式上的结果，会出现形式主义。即只要能达到目标要求，即使不触动各方利益，没有做出真实的改变，也是可以接受的。这种情况的主要表现是作假，在企业预算上表现得特别明显：所有人都在提出新的举措，其实是为了拿到年终的奖金，一起大搞数字游戏，最后即便所有的目标都实现了，对于企业其实没有什么实质性改善。时间一长，整个企业内部更加人浮于事，亏损更严重了。

变革管理则更多是直面各方利益冲突，采取策略化解阻力，或者直接承担相应的风险，以此达到转型的目的。

落地和变革管理的共同点是引导行为的改变，最终达到预设目的。最大的区别是，变革管理关注过程，在分析了各种反抗的力量后，采取了相应的策略，真实地触动人的利益，改变人的行为。

由于人的惰性、怕问责、怕未知等弱点，在职场中，当有人提出新的事物，或者新想法、新框架、新方法、新流程的时候，人会出于本能地拒绝和抗拒。所以变革管理的本质就是触动人的利益，这需要一定的魄力和勇气。

在追求落地的时候，还会出现"落地难"等问题。"落地难"的背后原因很多，主要原因有两个。一是企业内部的本位主义，明哲保身。在经济下行的时候，一些人为了保住饭碗，怕出错，宁愿少做或者不做，使得跨部门合作变得非常困难。

二是高层没有意识到自己的职责。一般来说，企业改革要想成功，都需要自上而下，而且高层要承担 50% 以上的责任。不要指望请了咨询团队，学习了某些课程，开展了软件项目（比如，数字化转型的数据中台项目）或者是成立了某个小组，比如经营分析小组的财务 BP 岗位等，企业的改变就由下而上自动完成了，这是不可能的。

如今，企业转型变革已经成为一个"必答题"，所以操作步骤、方法大体上是一致的。不过，由于落地困难，我们必须在改革的过程中加入人工的调控。

9.2 变革管理的 10 个策略

变革管理中常用的策略有 10 个。

（1）高层一定要表态

因为公司的高层代表老板，他们表态名正言顺，同时，对于反对者来说，更有震慑力。比如，每当有重大决定要宣布的时候，都是最高领导发言，真正的作用是用他的角色有效协调下级部门之间的利益冲突问题。不论是活动还是会议，最开始都需要最高领导发言，这样才可以保证后续项目的顺利进行，领导的表态是化解潜在内部冲突的关键。

高层态度是否有效，还取决于另外两个因素：实际影响力和组织架构。比如，刚刚空降的领导往往对于新公司的员工而言，实际影响力很有限，因为员工不一定认可"空降兵"，"隐形意见领袖"的影响力比名义上的"空降"领导更有效。所以，高层表态的时候，需要"隐形意见领袖"给予配合，效果更好。组织架构对高层的角色来说也是至关重要的，因为有些岗位务虚，有些岗位务实，各部门都唯掌握"实权"的领导马首是瞻，所以由这样的高层表态，效果最好，这算是职场中的"基本规则"。

（2）变革方案的设计阶段，采取围城必阙的策略

将希望和生路留出来，同时把其他的路封死，让大家只能沿着这条生路跑出来，这样反对者也没有太多的机会"闹事"。

（3）破釜沉舟，断掉反对者的退路

设计方案将现有的平台给拆掉。好比将反对者的舞台点着，台上的人必须逃离。让他们放弃所有的幻想，必须得按预留的生路方向逃跑。

比如，公司新上线的CRM在销售人员中推行缓慢，用不起来。这时候可以规定，凡是没有出现在CRM中的销售订单一律都不算业绩，大家都会积极响应。

再如，新上线了预算审批系统，推行缓慢。后来公司规定，所有费用报销和采购申请，凡是没有在预算审批系统提交的，一律不予支付，你就会看到很多人"补资料"。这些做法都是断了反对者的退路。

（4）搭建好新的环境

要用好这一策略，需要高层在规划阶段提供资源和时间，把新环境搭建起来。让那些不配合的人转变过来的方式，就是把转变成本变得更低，他们转变后没有任何顾虑和风险，自然就支持变革了。

比如，我们要盖一栋新楼要先"三通一平"，把通水、通电、通气、平整土地做好，这样人们就愿意过来买房。

企业要上新的软件，很多人会抗拒，因为已经习惯了旧有环境和工具，在面对新工具、新环境时，人们因为未知和陌生而产生抗拒心理，是

很自然的事情。这个时候，新软件服务商会把新旧软件之间的数据和接口全部打通，让用户在转换的过程中获得更好的体验，从而迅速融入新的环境，而不会让人感到不方便。

（5）要描绘一个美好的未来

这个策略需要与"围城必阙"相互配合。

比如，很多企业在上市前，一般会启动合规项目，员工的工作量和时间压力是非常大的，这个过程中有人会觉得太辛苦而离职，因为既要维持正常运行，还要配合合规要求重新调整、提供数据资料，任务十分繁重，可以说"离职"的理由很合理也很充分。但是公司的骨干员工能负重前行的原因是他们得到了期权，有了对未来美好的憧憬和期待，足以抵住各种压力。

（6）营造氛围

有的人受旧观念的影响很深，当他听到新政策的时候，起初会抗拒，但时间久了慢慢也就能接受了。营造氛围，实际上是让大家做好准备和预期，这并不是形式主义。所以针对基层员工或者是普通群众的宣传和讲解是非常必要的，为了尽可能多地争取支持，减少反对声音，营造氛围与宣传是绝对不可缺少的。

营造氛围在商业活动中很常见，比如，刚刚进入腊月，许多商场、超市就开始播放喜庆的背景音乐，让顾客意识到该准备年货了，让大家进入购物状态。

再如，在公司内部悬挂标语，组织公司员工展开一系列专题宣讲、培训，这都是为后续即将发生的变革做好准备。

（7）领导层带头做示范

可以利用人们的从众心理，只要高层和有影响力的人做了示范，那些立场不坚定的人就可以被争取过来，从而减少反对者的力量。所以羊群效应或从众效应（人们会受到多数人的一致思想或者行动的影响），同样会在变革管理中发挥作用。

变革想要取得进展，就需要解除那些反对者的抵抗。所有的策略要有针对性地瓦解或者弱化反对者的抗拒。很多的商家做广告找名人代言，也是同样的道理。

（8）设计必要的奖励机制

奖励可以刺激人的行为。比如，滴滴打车刚推出 App 时，给用户大量的补贴，通过这种形式，让大家纷纷安装了滴滴打车软件，并据此逐步占据了绝对的市场份额优势。

有的公司尽管买了软件安装的系统，但由于很多人更倾向保持原来的行为习惯，并不会因为公司里面安装了一个软件和设备，就主动地去使用。这就造成了"买软件容易，但用起来难"的现象。如果企业的变革管理没做到位，买来的软件就会闲置和浪费。

再如，要建立具有分析氛围的企业文化，IBM 就制定过独特的奖励机制。首先是各个部门拿出资金作为奖励，然后进行全公司范围的悬赏，任何人或者自由组合的小组，都可以将独到的"发现和见解"提交给最有可能受益的部门。经过评选，由获胜的个人或小组分享预先准备好的奖金。这样的活动，每三个月举办一次，公司全员参与，达到了营造分析氛围的目的。

（9）公司要投入大量的人力和资源

人对于陌生事物本能地会产生抗拒心理，而对于熟悉的环境有一定的依赖性。所以要离开原有的环境，使用新的系统，新的工作方法，就需要在公司的一线和基层安排足够的人进行辅助和支持，给予实时的回应，防止大家因为困难而放弃。不要以为直接给一个手册就让大家发生改变了，这需要公司投入足够多的人做支持。

在人力安排上，可以增加"变革负责人""变革干部""变革助理"这三类人。"变革负责人"同时也是最高层的"变革委员会"成员，他领导着一批"变革干部"，广泛安排在各经理层，在一线的最基层班组，安排"变革助理"角色。这三类人作为一个系统，从上到下"贯彻落实"新政策、新要求，起模范带头、意见反馈、化解冲突等重要作用。同时，这些人需要专门进行培训，学习关于变革管理的方法。

此外，公司对于自己不熟悉的业务和不懂的领域，也会从外部聘请专业顾问团队，从事风险高、难度大的一些变革项目。这都是公司投入的资源和人力补充。

值得注意的是，财务 BP 并不需要做变革的先锋，而是能够为负责变革的人提供支持就可以了。

（10）对反对和抵抗者分类争取，分而化之

通常情况下，在企业内部有部门利益，也有隐蔽的小团体，所以他们表面上都是抗拒者，但实际上并非铁板一块，所以我们要把反对者分类，有针对性地提出解决方案，化解他们的抗拒情绪。只有让支持的力量逐渐地强大起来，绝大部分人都接受了新制度、新工具、新方法，并在实践工作中运用起来，其他的人慢慢地也就适应了。

9.3 变革管理的 3 个阶段

变革管理基本上可以分成 3 个阶段：筹划阶段、实施阶段和变革后的巩固阶段。上述 10 种变革的策略能够组合起来应用，并始终贯穿这三个阶段。

另外，变革一旦发起，势必会牵涉组织内部一些人的利益，所以在筹划阶段，为了能够成功地化解抵抗，还需要做好缜密的筹备工作。如果缺少策划，可能变革还没有得到最高层的支持就失败了。这会削弱支持者的信心，同时也增强反对者的力量，那么，短期之内很难再有人组织变革，即使组织起来，难度会比上一次更大。

（1）筹划阶段

在日益复杂、多样化的市场环境中，团队已经成为组织运作的重要方式。团队成员在配合、协作中，逐渐形成了共同的思想、共同的目标，以及相应的组织架构和每个人对应的能力和使用的工具等，因而在组织中，任何变革都是系统工程，不因单独个人的改变而发生改变。需要从有形的组织架构到无形的习惯和共识，从人员能力到系统工具和软件，做好替换和抗拒解除方案，也需要相应的资源支持。

在这种情况下，我们需要设计"组合拳"来制定方案，确保达到更好的效果。麦肯锡的 7S 模型，不仅可以为配套方案提供指引，也能给变革的切入点提供思路，是一个不错的选择。

7S 模型指出了企业在发展过程中必须全面地考虑各方面的情况，包括结构、制度、风格、员工、技能、战略、共同的价值观。我们设计变革方案的时候，可以从这7个方面同时准备相应的行动方案，可以提高变革的成功率，全面化解反对者的抵抗情绪。

比如，某国企在数字化转型过程中遇到了挑战，尽管拥有大量的数据，但是仍然不知道怎么合理地利用。为了改变这种现状，可以用7S模型，从多个方面去设计变革方案。在企业文化风格方面，鼓励员工自由组队，全公司定期开展有奖征集，激发挖掘见解独特的企业文化；在技能培训方面，经常组织经营分析专题座谈会和培训交流，提升领导干部的理论与实战技能；在人员的选聘方面，不能过度依赖通信科学家和算法工程师，还要增加战略、变革管理等咨询师的比例；在公司的组织架构方面，组建独立的经营分析部门，与人事、财务地位平等；在系统和制度方面，将具备经营分析能力的人分配到各个部门或者事业部，变成财务BP、数据BP等。从组织架构到人员、技能、工具使用到企业文化，企业领导层要主导所有变革项目，并提供资源和支持保障。

在实施的过程中，还需要做好统一战线的工作，将反对者进行细分，我们可以利用力量分析的模型，比如，力场分析等。将推动者和反对者双方的主张以及力量进行详细的展示，从而制定相应的策略。

（2）实施阶段

变革过程会涉及诸多因素，但是从哪里入手，有一个经典变革模型叫变革三角形模型，包含人、科技和流程。这三个中的任何一个发生了变化，另外两个也会随之改变，那么哪个因素是其中的主导因素呢？答案是人。因为整个变革中最大的阻力不是来自于制度、工具而是人本身。如果人不改变，就算改了新制度，改了新工具，但是人还会回到他习惯的方式。

所以，变革实施过程中的难点和关键因素就是人，很多准备工作以及实施后续安排，都是在安抚、鼓励参与变革的人。

科技的引入会引发流程的改变。因为我们日常的大部分工作可能是重复的、有标准流程的，运作起来非常耗时，附加价值也比较低。这种工作在生活中占了我们绝大部分的时间，但随着科技的引入，可以帮助我们把这部分工作做好，代替人来工作。比如，应用程序当中的 RPA（机器人流程自动化）、自动化的生产线、人工智能自动审核等。

当人不再参与其中的时候，流程就会减少，也会相应地发生改变。

流程是配合着人和科技的，所以它排序是在第三位。所以变革的时候要注重顺序，"因势利导、顺势而为"，变革过程中的阻力就会小一些。具体有哪些方法呢？

1）建立信心。企业变革中，任何行为的改变，都会有人反对，所以推动者们要想增强信心，破除僵局，最好的方法就是先小范围尝试推行，获取成功经验后再推广。小范围的成功会给后续参与者带来更大的信心，从而减少阻力。

比如银行业的变革，难点在于必须要先获得验证过的成功经验，如果没有成功的试点，银行业的管理层是不会批准的，所以提供小范围的试点环境是银行业创新改革的关键，目的就是快速获得信心与信任。

2）选择可以快速启动的小项目。小范围项目最大的好处就是反馈快，是否有效很容易得到验证。所以我们在变革中选项目的时候，可以从小项目着手。

比如，某个企业现在深陷价格战，没有研发的能力和优势。想改变现状，却感觉千头万绪不知从何入手。

财务 BP 或者推动变革的人可以把市场分析作为变革的入手点，然后再将市场分析拆解为需求分析、趋势分析、竞争分析、品牌分析、渠道分析等 9 个方面。

挑一个小的产品做实验，只对需求分析立项，开展名为"未满足的需求"的深度调研。由于项目范围很小，所以这个项目很容易就能启动。

根据我的经验，在国内，未满足需求的调查对于绝大部分企业来说是比较陌生的，只要开展就能很快地有新的认知和新发现，实现从 0 到 1 的突破，从而建立自信。变革推动者后续再开展其他新项目的时候，会得到其他部门的信任和支持。

3）做好项目管理的评估。项目管理工作是由一个个项目组成的，每一个项目都会有它的目标、详细任务、完成的时间节点。我们在做项目管理工作时，定义相应的预期，取得哪些成就可以定义为胜利或者是成功，相关的描述应该越具体越好。

为了解项目进展程度，我们还可以设计一些指标。具体方法可以参考指标档案卡的创建。

进展程度的指标也是项目推进、汇报和沟通的依据。

4）名正言顺与明确责任人。变革开始的时候公司往往会召开大会，并且锣鼓喧天地宣传。以前很多人认为这是形式主义，但是对变革管理的过程来说，是非常有必要的。造势和对外的宣传，目的就是传递一个重要信号——所有人都要知道变革的主导人是谁，后续变革过程中启动和开展的子项目与活动都是名正言顺的，这是由最高层负责推动并且主抓的事情，下面的人务必要配合。

如果变革小组当中有新的成员加入，比如第三方咨询公司，那么公司也需要大张旗鼓地宣传一番，这点是很多人容易忽略的。

我亲眼看到有的咨询公司入驻公司现场后，没有任何人告知，默默无闻地在一个角落里工作，他们在和公司的人员访谈的时候，也很容易被采访对象以"工作忙，没时间"为理由拒绝。说到底就是名不正言不顺，变革小组变成"神秘小组"。

5）持续的指导与培训。在新的方案和实施过程中，有的人会以"不会""不熟""没人帮我，所以我只能用以前的方法"等来推脱、抗拒。

这就是为什么变革小组成员中需要大量的变革助理，他们是深入各个基层的小队、小组，主要目的就是及时快速地帮助一线人员解决问题，给予持续的指导和帮助。

如果不及时处理，还有少数几个按"老方法"做事的人，那么就会引来更多人的效仿，让越来越多的人不按照新的规则或者是程序做事，于是变革就失效了。

6）持续宣传推动变革的原因。变革的过程其实就是支持者和反对者对抗的过程。新的政策、新的程序会影响一些人的利益，很多人不理解、不支持是很正常的。推动者也有疲倦甚至是自我怀疑的时候，所以这个时候持续地宣传，让更多的人知道推动者变革的目的是什么，同时也是提高士气、让大家重获动力的方法。

（3）巩固阶段

1）防止员工行为退回到"老规矩"，改变其信仰观念和日常行为。人的行为实际上和利益关系是挂钩的，当"旧行为"的环境和利益链条依旧存在，那么改变就会很难维持，按照新的规则和方法运行几天后坚持不住就又放弃了。这时，持续的"回头看"和反复的监督就是必要的措施。这些对很多人来说都是习以为常的，甚至有人觉得只是口号，但它却是实实在在的变革后的措施，需要高层常抓不懈，直到"旧行为"的环境和利益链条消失为止。

2）树立新的奖励机制。卢因（Lewin）变革三部曲是融化——改变——再次固化，实现再次固化的一种方式就是设立奖惩机制。心理学认为，习惯的养成需要28天，所以要想巩固下来，需要设立相应的奖励机制。这套奖励机制的执行时间不能太短，而是需要有一定的时长，这也是为什么很多企业强调"长效机制"。

02

第二部分
财务 BP 预测建模

第 10 章
财务 BP 之情景分析

情景分析，又称脚本法或前景描述法，目的是让我们在不同的情况下，对预测对象在未来的发展做出设想和推算，是一种直观的定性预测方法。

一般在项目启动之前，进行立项讨论时使用情景分析，分为战略层面和实施层面两种。在战略层面上，注重讨论不同的业务方向以及相应的策略。在实施层面上，由于业务方向已经确定，因而更侧重在落地实施过程中，每个具体变量会带来怎样的测算结果。

本章讨论的是在建模过程中，财务 BP 将帮助业务部门探索并调整每个具体变量后，预测出模拟实施落地后的结果。

当我们对决策执行的结果感到不确定，或者有多个方案时，可以使用情景分析进行甄别，从而选出最佳方案。特别是当决策的结果非常重要，决策者又不愿意"被动等待"，希望能随时做好准备进行调整，以应对未来变化时，情景分析可以帮助决策人进行预测，让他心中有数。

财务 BP 通过引导业务部门，将项目实施过程中需要考虑的影响因素和变量融入财务模型中，搭建好框架，变量的波动范围则需要交给业务部门来完善。所以，在建模过程中，由财务 BP 负责框架设计，最终教会业务人员如何使用。

一般来说，情景分析主要有阶梯费率、多变量因素预测、公司估值预测和超短期预测、现金流预测五类。

10.1 阶梯费率

阶梯费率是一种收费模式，管理会计中也有类似描述，称之为"半变动成本"。核心特点是当业务量达到一定程度后，付费比例会突然提升到更高的水平，如同上台阶，故而称为"阶梯费率"。

阶梯费率是介于完全变动成本和完全固定成本之间的一种状态。如果运用得当，将比完全的固定成本更有灵活性，同时比完全的变动成本更优惠。这也是为什么人们认为阶梯费率的定价模式性价比高，在生活中应用更广泛。

比如，对外时，企业的业务人员可以使用阶梯费率的工具，与客户实时互动，提供不同的方案进行比较，加快客户决策的进程，同时还有助于树立专业的形象，增加客户的信任度；采购人员从外部采购物资，如果采购量比较大，供应商也会给一定比例的优惠，但具体是怎样的优惠，会根据采购量进行评估，评估给出的优惠是呈阶梯状分布的；当潜在客户询价的时候，企业的报价模式通常也是阶梯比例，售前人员通过这样的模式，可以快速地提供销售方案。对内时，在项目立项的策划阶段，使用阶梯费率工具，可以对不同的采购方案进行成本测算，达到确保成本可控的目的；企业给员工计算奖金就是采用阶梯式的方式，当员工的业绩达到了一定的额度，应给予一定比例的奖励，如果超过了某个额度，将后推到另一个奖金比例。此外，个人所得税扣税的计算标准也是根据收入阶梯，按比例征收。

那么，设置阶梯费率具体需要如何操作呢？主要有如下几个步骤。

步骤一：准备使用的公式函数。

使用函数是 LOOKUP，这里面有三个参数，分别是：数值、查找范围、查找结果。

步骤二：模拟练习。

以计算个人所得税为例，先准备基础信息，如表 10-1 所示。

表 10-1　个人所得税基础信息表

级数	全年应纳税所得额（元）	税率	速算扣除数
1	不超过 30000 元的	5%	0
2	超过 30000 元至 90000 元的部分	10%	1500
3	超过 90000 元至 300000 元的部分	20%	10500
4	超过 300000 元至 500000 元的部分	30%	40500
5	超过 500000 元的部分	35%	65500

注：本表所称全年应纳税所得额是指依照《中华人民共和国个人所得税法》第六条的规定，以每一纳税年度的收入总额减除成本、费用以及损失后的余额。

再根据计算逻辑搭建模型。格式可以根据实际需要改变，如表 10-2 所示。

表 10-2　个人所得税税率计算模型示例表

	A	B	C		
1	（1）	当月收入	×××	⇐	手工输入
2	（2）	当月扣除项目总额	×××	⇐	手工输入
3	（3）	当月应纳税所得额	×××	⇐	计算公式（1）-（2）
4	（4）	适用税率	note 1	⇐	函数公式，自动判断填入
5	（5）	速算扣除数	note 2	⇐	函数公式，自动判断填入

重点需要使用函数的是（4）"适用税率"，note 1 可以这样写：

=LOOKUP（C5,｛0,30000,90000,300000,500000,1000000｝,｛0.05,0.1,0.2,0.3,0.35｝）

note 2 可以这样写：

=LOOKUP（C5,｛0,30000,90000,300000,500000,1000000｝,｛0,1500,10500,40500,65500｝）

实操窍门有以下三个。

参数 1：数值：找到需要判断的计算结果就可以。

参数 2：查找范围：使用大括号，在键盘字母 P 的右侧，按住 Shift 键即可获得大括号。查找范围是区间，最小值为 0，以此作为第一个数，最大值可以自行设计一个很大的数值，比如 100 万，以此作为最后一个数。中间用英文逗号隔开，最后一个数后面没有逗号。

参数 3：查找结果：由于查找结果是百分数，Excel 公式中百分号有特殊含义，所以要避免使用。因此，将 5% 写为 0.05，10% 写为 0.1，以此类推。

最后，所有参数外加小括号。这样，公式就可以正常运行了。至此，阶梯费率的模型完成了。

10.2　多变量因素预测

多变量因素预测是指在建模中有多个可量化的变量因子的预测分析方法，特点在于每个因子是可以量化计量的，而且是同时调整所有因子，不像 Excel 里面的"多变量求解"那样，限定除了两个因素可变之外，其他因素固定不变。

当我们面临较大的不确定性，且变量因素比较多，有时候因素之间还相互独立时，公司管理层会非常迫切地想知道在不同变量水平下的预期值；当我们的经营环境发生很大变动，尤其是经济下行的时候，凭借过往经验预测是不可靠的，未来结果的"不可预测"就成了最大的风险。

有些公司采取"日报"（每天对未来 3~5 天的预测）的方式，希望通过不停更新日报预测来降低对"未知"的恐惧。但这种方法的作用很有限，因为它的本质仍然是事后的，对未来预测的时间太近，无法进行事前干预，所以"日报"不能解决问题。

当我们对影响因素的波动区间有了预期，这可以让决策者找到努力的方向和抓手，通过各种策略、方法尽力缩小各因素的波动区间，同时做好对超出预期的风险管理预案。

当决策者采取某些策略后，我们需要对各种变量趋势做出判断，并将其量化，建模有助于做到心中有数。具体操作如下。

步骤一：准备"滚动条"。

Excel 选项→快速访问工具栏→所有命令→滚动条（窗体控件）→添加，确定。

窍门：

"所有命令"是把 Excel 中的全部操作指令都展示出来，数量庞大，一个个看下来很辛苦，窍门就是由于中文命令的排序与汉语拼音字母表一致，"滚"字的拼音首字母是 G，所以按照 G 发音的汉字寻找，很快就可以锁定并找到"滚动条"按键，如图 10-1 所示。

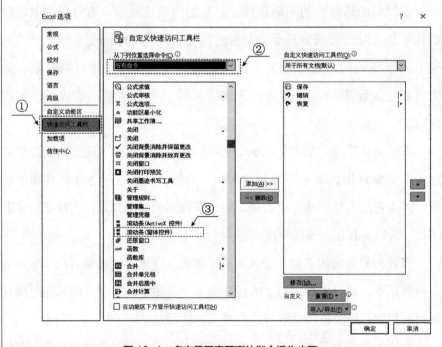

图 10-1　多变量因素预测的指令操作步骤

步骤二：建立模型。

由于无须准备基础数据，所以可以直接搭建模型，如表 10-3 所示。

表 10-3　多变量因素预测模型示例表

	A	B
1	合格的意向潜在客户数量	note 1
2	转为付款客户的转化率	note 2
3	平均单件价格	note 3
4	平均每次购买件数	note 4
5	年度购买次数	note 5
6	收入	note 6

步骤三：写公式函数。

note 1~note 5 代表了收入构成的五个因素，由于都是在一定范围内可以调节的，所以，要在它们后面的相应位置增设"滚动条"。

窍门：

"滚动条"设置参数都是整数，最小单位是 1，当遇到需要调整的百分数时，则需要先变动一个整数，然后除以 100。比如"付费客户转化率"是 ×%，那么 note 2 的公式就可以写为：D2 / 100。

步骤四：添加"滚动条"。

从工具栏中点击"滚动条"命令，在变量后面的空白位置插入即可。比如在 note 2 后面的 C2 的位置创建一个"滚动条"。

步骤五：设置"滚动条"参数。

点击右键，出现设置控件格式，根据需要设置最大值和最小值，"步长"就是鼠标每点击一次增减变化的数量，单元格链接是指变量所在位置，如图 10-2 所示。

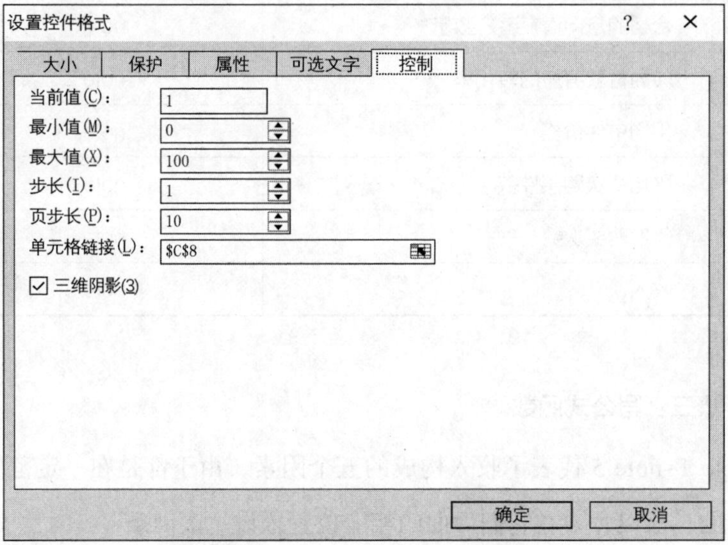

图 10-2　设置"滚动条"参数示例图

比如，在 note 2 反映的是"转为付款客户的转化率"，最大值是 100%，最小值是 0。计算公式是 D2/100。在 C2 位置插入滚动条，点击右键，设置控件格式，D2 的最大值就是 100，最小值就是 0，步长就是 1，单元格链接就是 D2。

至此，note 2 的计算结果就可以随着"滚动条"的增减而变化。

步骤六：完善模型。

由于 note 1、note 3~note 5 都是绝对数，不是百分比，因此设置"滚动条"的参数，都要相应改变。由于最大值是 20000，因此如果变量数值很大，可以效仿 note 2 的方法，不过这次用乘法。收入（note 6）等于所有因素相乘。

至此，所有的因素都设置了"滚动条"，收入也可以自动计算乘积。

操作后的效果如表 10-4 所示。

表 10-4　多变量因素预测模型操作效果

	A	B	C	D
1				
2	客流量	63	<　　>	4
3	转为付款客户的转化率 %	4%	<　　>	
4				
5	单次消费数量	1	<　　>	0%
6	平均每次购买件数	4,398	<　　>	
7	人均复购次数	1	<　　>	
8				
9	月销售总额	11083		

10.3　公司估值预测

公司估值，又称企业估值或企业价值评估，是指着眼于上市或非上市公司本身，对其内在价值进行评估。一般而言，公司的资产及获利能力决定其内在价值。因为它可以帮助投资人了解公司在未来可以创造的价值,并折算成当前的货币价值,所以公司估值的计算公式充分体现了金融视角。

公司估值的计算公式为:

$$公司估值 = 自由现金流 / 资金成本$$

其中,自由现金流(FCF)用来衡量企业实际持有的能够回报股东的现金。换句话说,就是在不危及公司生存与发展的前提下可供分配给股东(和债权人)的最大现金额。即:

$$自由现金流 = 企业息税及折旧前利润(EBITDA) - 需要追加的运营资本 - 追加的资本性支出$$

自由现金流数值越大,说明企业自力更生的能力越强,未来增值的潜力越大。

资金成本就是债券融资和股权融资下的综合融资成本。

从计算公式可以发现,为提高公司估值,至少要从四个方面努力:提高EBITDA、降低追加的资本性支出、降低运营资本的需求以及降低综合融资成本。

在经济下行时期,企业需要更看重现金流,正好配合基于现金的量化公司估值模型,即用自由现金流进行公司估值计算,有利于在决策计划阶段开展评估,量化该方案对公司的影响,在经济层面上从长期视角评估决策的利弊。

任何管理决策都是为了建立长期的影响和价值,不论是小修小补的卓越运营,还是战略性业务调整,都可以在公司的长期价值上有所体现。这对于统一内部意见、增强员工信心很有帮助。

公司估值预测如何运用呢？近些年不少企业都在提"降本增效"，决策者评估各种对策是否有效，在公司估值的模型中，可以分析是否有利于减少"运营资本"的支出或减少资本性支出，从而提高自由现金流。为此，我们选择两个案例来看看运用情况。

案例一：减少运营资本投入。

运营资本的本质就是持有的流动资产不能立刻变现，导致了资金占用。如果企业通过各种策略可以占用其他利益相关方的资金，同时尽快将流动资产变现或少持有流动资产，那么将降低企业的运营资本。

比如，酒店、健身馆等可以通过"充值1000元，赠送200元"的特价活动吸引客户充值，有效地增加对客户资金的占用，减少企业自身的运营资本投入。

再如，通过卓越运营，决策者可以发掘各部门的浪费行为，优化产品线，减少过度生产，重视设计和供应商优选，提高正品率，减少残次品带来的返工返料，节约物料的投入，使用SaaS提高工作效率，节约人工支出。

案例二：降低资本性支出。

设备租赁公司的主要业务就是购买专用设备，出租给短期需要使用的客户。这些设备一旦需要更新换代，就要投入大量资金。新设备的获取方式可以是从设备厂直接购买，相当于资本性质的支出；也可以是从设备厂家直接租赁，然后再转租给客户。很明显，直接租赁虽然增加了运营资本的支出，但是比直接购买更能降低资本性支出。财务BP可以根据公司的实际情况做出判断。

对于资本性支出需要注意的是，因为"退货"代价很高，资本性支出的本质是投资购买"产能",表现形式可以是团队、技术、设备、固定资产、渠道等,很容易造成"产能过剩"。这些投入需要结合企业商业模式、市场需求趋势、核心竞争力或成功关键因素等综合判断。

公司估值预测的操作步骤如下。

步骤一:根据计算公式搭建模型。

公司估值的计算公式中的自由现金流是企业经营活动产生的现金流量扣除资本性支出的差额,如表10-5所示。即:

自由现金流 = 企业息税及折旧前利润(EBITDA)- 追加的运营资本 - 追加的资本性支出

表10-5 公司估值计算示例表

	A	B
1	税后净利润	××
2	加:	
3	利息	××
4	企业所得税	××
5	折旧费	××
6	摊销费	××
7	EBITDA	note 1
8	减:	
9	追加的营运资本(OPEX)	note 2
10	追加的资本性支出(CAPEX)	note 3
11	自由现金流(FCF)	note 4

步骤二：制作预测未来的财务报表。

从本质上说，每个决策都是一个项目，它们影响着企业的利润表和资产负债表。在方案评估过程中，可以基于假设，把项目方案的业务活动作为独立的虚拟会计主体，编制未来某个期间的模拟财务报表，在当前真实的财务报表基础上进行合并，得出"备考财务报表"（Pro Forma Financial Statements），这是用于预测未来一段时期的特殊财务报表，本质就是模拟报表。

步骤三：收集需要的数据。

所有数据都要从考虑了决策方案影响之后的"备考财务报表"中提取。

1）note 1。企业息税及折旧前利润 EBITDA 可以从利润表中提取出来。

2）note 2。计算出需要追加的营运资本净增加值，考虑如果策略方案实施，将引发资产负债表上哪些项目的增减，可以使用计算公式本期内增加的"流动资产"减去增加的流动负债。

通常来说，改善运营资本的方式有很多，最常用的是利用价格策略，让客户预付货款，达到增加流动负债、减少营运资本的目的。比如，酒店或游泳馆可以提供充 1000 送 200 元的优惠充值活动，就是变相八折的价格策略，同时客户的充值越高，改善运营资本的效果越明显。

除此之外，可以通过供应商的选择，利用框架合作协议，降低给供应商结算货款的频次，增加对供应商资金的占用。比如，将公司的所有供应商、服务商进行排序，把购买服务频次高、金额大、服务质量好的列入采购名单，根据每年签订的框架合作协议，重新制定结算规则，像由每月月底结算变为每季度结算。

还可以通过卓越运营，把第 2 章提到的公司内部的 8 种"浪费"现象，从多个方面，比如减少残次品等进行改善，以达到提高人员产出效率、减少内部流程之间的返工、减少存货、节约运营资金的目的。

3) note 3。利用资产负债表计算出资本性支出的净增加值，各项除了流动资产之外的长期资产减去除了流动负债之外的所有长期负债。

通常情况下，影响资本性支出的决策主要是围绕自建和外包展开的，依据价值链模型（value chain），从战略上判断是否提供核心竞争力。价值链模型将公司的职能分为两大类：支持性活动和主要业务活动，涵盖公司的所有部门。当发现有些部门对核心竞争力的支持有限时，就可以选择将其外包，如果是核心竞争力所在的部门，就一定要维护好，不可以外包。

4) note 4。自由现金流（FCF）= note 1–note 2–note 3

5) note 5。资金成本就是债券融资和股权融资下的综合融资成本。

一般默认资金成本为 10%，也就是公司的估值为当前自由现金流的 10 倍（1/10%=10 倍）。如果资金成本是 20%，那么公司的估值就是当前自由现金流的 5 倍（1/20%=5 倍）。由此可见，企业融资成本越低，公司估值越高，在自由现金流不变的情况下，企业融资成本的作用举足轻重，只要能降低 50%，估值就能升值 100%。

至此，完成了公司估值预测。

10.4 超短期预测

一般而言，我们会假设某一项业务会持续一段时间，比如一年以上。但是在营销活动中，有些策略在执行时，有效期可能会缩短到一周，同时，公司的所有的固定成本是不会发生变化的。

这时候，公司高层会产生一个疑问：不同的策略会对公司整体产生什么样的影响？

我们知道，部门做决策往往只考虑自身的利益，而忽略了对整体的影响，为避免发生"赔本赚吆喝"的情况，才有了对 3~5 天的临时项目做一个整体评估的诉求，即超短期预测。

超短期预测的本质不是对某个项目本身的预测，而是对公司整体的预测，特别是针对短期的项目对公司整体产生哪些财务上的影响。所以它的特点是把公司的所有的成本费用都考虑进来，而不局限于项目本身，尽管这个项目运行周期特别短，可能只有几天。

财务 BP 在这个过程中可以利用财务方法和视角搭建财务模型，对临时项目的财务结果进行评估。

在实际运作中，公司的项目不管是长期还是短期的，背后都是由公司的各个部门共同付出配合完成的。项目真正执行开始之前，业务部门只能看到自己可控制的成本和投入，但是他们不知道项目在进行中各种资源的调配以及突发情况的处理对整体产生什么影响，关键是这些信息和数据他们也无从获取。

短期的项目，往往是由部门层级发起的，策划人员很有可能站在一个部门层级的角度，很难考虑公司整体的框架，同时他也没有公司整体的数据做支持，而这些资料在财务部是比较容易获取的。

所以，财务 BP 非常适合利用公司内部的财务数据，将公司整体与项目融合在一起，把公司的所有的资源、投入以及项目的变量通通融入财务建模中，这样比较容易预测未来短期的经营情况。

这里分享我遇到的一个案例：某大型游乐场的市场部针对7天黄金周进行营销，决定实行特价活动，制定优惠门票价，7天当中，每天的价格都不一样，同时计划投入大量的广告费用来进行宣传和引流。由于该游乐场距离市中心比较远，按照与合作旅行社的约定，要把客人从机场送到市郊，需安排专用车辆负责接送。这样一来，线上线下的活动投入都大大增加了。

当费用的申请报告提交到老板那里时，老板要求财务部和市场部进行讨论费用申请报告批还是不批。市场部认为只要完成了引流活动计划，财务就应该批准。但是财务部有理由怀疑这是一个"赔本挣吆喝"的事情，一旦赔了，财务部要被牵扯进来负责任，所以拒绝批准，并给出了一个方案：需要制作一个7天黄金周的公司整体的财务预测模型，并根据预测模型的结果来制定价格策略。

我给这家游乐场设计的超短期财务预测模型的具体操作步骤如下。

步骤一：确定收入、成本的边界和范围。

这里只有7天的利润表，收入只测算7天。将所有的直接项目成本全部统计进来，对于所有的固定成本，只按7天计算。

步骤二：设计模板。

由于超短期预测每天都独立报价，所以收入测算需要以天为单位，每天建一张表，独立建模，而7天的收入合计就是把这7个表进行汇总。

至于营销策划活动，线上线下的所有支出可以单独做一张表，不受7天时间的限制。

把游乐场的运营成本全部考虑进来，分成变动成本和固定成本。变动成本按照项目关联相关的业务量和计费标准，用固定成本除以天数，得出每一天的固定成本。

步骤三：财务建模。

由于计算过程不需要特别的公式和命令，所以直接按照传统的利润表的结构进行建模就好了。

> **窍门：**
> 模板架构和利润表差不多，因为是超短期预测，具体的设计可以根据实际情况来定。

10.5 现金流预测

现金流预测特指未来 30 天之内，对即将收到的款项和即将付出的款项金额进行预估。短期内可以是 7 天或者 15 天，最多不要超过 30 天。

现金流预测和现金预算有很大的差异。现金预算是相对固定的预估或计划，但现金流预测是基于当前现状做出的非常贴近实际情况的动态预测，对未来预测的时间也比较短，通常在一周到两周，因为时间越远预测的准确性越低。

由于所有的信息包括业务发生的时间、金额等，都会得到业务人员或者经办人的确认，这也使得现金流预测有了贴近实际、可信度高的特点。

现金流预测还有一个特点是预测时间短，变化因素越少，预期稳定。比如，客户答应在下周付款，兑现承诺的概率相对高一些。

企业的偿债能力是企业经营中常见的风险。比如，企业现金流断裂了，没有钱按时支付税金、供应商货款和员工的工资，对于一个有社会责任感的企业来说，负责人将感到巨大的焦虑和压力。

在资金紧张的情况下，企业做现金流预测可以最大限度地利用可调用的现金资源，对即将到来的支付压力早做准备，确保支付的顺利进行，维护企业正常运行。

当确实无法按时支付时，企业通过现金流预测可以给出一个付款计划，让债权人感受到企业诚恳的态度，有利于协商解决问题。所以现金流预测对维护好企业与供应商、员工以及政府之间的关系起着重要的作用。

在实际工作中，财务 BP 可以利用现金流量表的框架快速搭建现金流预测模板，同时利用和业务部门交流的机会，把即将收款和付款的安排写在未来日程表里，同步给财务和业务部门，让各部门配合做好相应的准备，加快资金回收，如果有困难，提早进行协商和采取弥补措施。

企业在运用现金流预测时，一般可以采取每周预测，预测未来 5 天的方式，或者是半月预测，月初、月中各一次。总的来说还是日期离得越近，预测效果越靠谱。

比如企业每周五可以制作未来一周的现金流预测，在每个月的 15 日左右就要做完月底的现金流预测，以提前应对月末的付款结算压力。

还有的企业在月末最后一周，每天持续更新未来的 2~3 天收付款情况。

现金流预测的具体操作步骤如下。

步骤一：需要使用的公式。

设计现金流量表时的一个重要工作就是根据每笔实际收付款的性质打

标签，如果是需要收款，我们就在前面做个标注写上收款；如果是需要付款，我们就要在前面打个标签写付款。接着根据标签进行汇总，比如，汇总所有的收款合计是多少钱，所有的付款合计是多少钱。为了快速完成这一流程的工作，我们可以借助 Excel 中的公式 SUMIF。

SUMIF 的本质是求和，即对符合特征的记录所对应的数值进行求和。先在项目名称中筛选"关键字"，然后自动计算求和。SUMIF 的参数有三个，分别是条件范围、条件和求和范围。

步骤二：模型搭建。

设计的基本原则是将汇总结果安排在模型上部，汇总数据由公式来完成，实现自动取数计算，避免手工输入。详细收付款计划要具体到供应商名称，还有客户名称，并且对应到具体日期。图表可以用单独页面呈现，收款和付款分别用两种不同的颜色来表示。

现金流预测的模型搭建只需要三张图就可以完成，分别是：现金余额图、收款与付款图、净现金流图（如果净现金流是负数的话，将是一个重大的预警信号，企业需要调配资金，或者和债权人协商采取措施）。

步骤三：汇总结果。

这一步共分为 5 个小项目，排列顺序可以根据自己的习惯来设计。下面的排列顺序仅供参考，如表 10-6 所示。

表 10-6　现金流预测模型示例表

	A	B	C	D
1	项目	日期		
2		第一天	第二天	第三天

(续)

	A	B	C	D
3	收款合计（1）			
4	付款合计（2）			
5	净现金流（3）	note 1		
6	现金期初余额（4）	note 2	note 4	
7	现金期末余额（5）	note 3		

1）note 1=（1）-（2）。净现金流的作用主要是当现金流为负数时，提醒高层尽快协调，争取把付款时间后移。因为绝大部分资产的变现能力都较弱，流动性很差，远水解不了近渴，所以协商推迟延期是首选方案。

2）note 2 是昨天的余额。今天的期初余额是昨天的期末真实余额，表示所有现金与现金等价物的合计。在这个模型中，只有第一天的期初余额是真实的，其他数据都是预测的。这点要特别注意。

3）note 3=（3）+（4）。当未来预测某个日期末余额是负数时，意味着现金流断裂，这是重大预警信号，这时候安排融资恐怕来不及了，除非发生突发事件。在实际中，这种情况公司高层一定会在半年前就有所察觉，并采取相应措施了。

很多企业会根据自己的行业特点设置预警线，不会等到期末余额为负数时才采取融资自救措施。

4）note 4 是引用 note 3。表示次月的期初来自今天的期末余额。

步骤四：详细的收付款计划。

企业的正常经营一定会涉及收款和付款的安排，特别是付款。为了确保始终有足够的资金来应对临时付款，同时也希望利用供应商的账期减少运营资金的融资压力，要对所有的付款申请进行安排。正所谓"吃不穷喝不穷，计划不好就受穷"。

详细计划可以像现金流量表一样分成运营、融资和投资三项，但是考虑到预测周期比较短，融资和投资的业务活动发生频率比较低，所以可以将其进行简化，把融资和投资活动融入收款项目和付款项目当中。

收付款计划的重点是要写清每个合作方的名称。这里涉及一个供应商管理的窍门，有一些公司特别是集团公司，它们的子公司之间，并不知道它们正在和同一个供应商进行交易或者贸易，或者是服务商虽然有不同的名称，但是它们隶属于同一个大集团。

这个时候财务 BP 可以把这些信息交给采购部门，企业以集团的名义同服务商或其所在的集团协商一个整体采购服务协议，争取获得更加优惠的价格和更有弹性的付款时间。

步骤五：模板设计。

为了方便函数 SUMIF 的使用，我们可以在第一列写"收款""付款"，第二列是详细的对应人员和商家的名单。需要注意的是，这是可以给决策者阅读的内部资料，款项应按照本质进行分类，而不是形式，这也符合"实质重于形式"的原则要求。收款和付款指现金或现金等价物，比如商业票据，预计资金哪天到账或安排付款，就将日期写在哪天，如表 10-7 所示。

表 10-7 企业收付款计划示例表

单位：元

A	B		C	D	E	F	G	H	I	J	K	L	M
1			2021/2/21	2021/2/22	2021/2/23	2021/2/24	2021/2/25	2021/2/26	2021/2/27	2021/2/28	2021/3/1	2021/3/2	2021/3/3
2		收款	66000	0	50000	40000	100000	10000	0	500	0	800	0
3	合计	付款	0	50000	0	0	0	0	100000	0	0	50000	3000
4		净现金流	66000	-50000	50000	40000	100000	10000	-100000	500	0	-49200	-3000
5		期初余额		66000	16000	66000	106000	206000	216000	116500	116500	116500	67300
6		现金余额	66000	16000	66000	106000	206000	216000	116500	116500	116500	67300	64300
7													
8	收款	收款-客户-B											
9	收款	收款-客户-C											
10	收款	收款-客户-D			50000								
11	收款	收款-客户-E				40000							
12	收款	收款-客户-F						10000					
13	收款	收款-员工-李								500			
14	收款	收款-员工-张										800	
15	收款	收款-股东借款					100000						
16													
17	付款	付款-供应商-A		50000									
18	付款	付款-供应商-B							100000				
19	付款	付款-供应商-C											
20	付款	付款-工资										50000	
21	付款	付款-税款											3000

第 11 章
财务 BP 之预测最佳值

财务 BP 在做企业全年预算的时候，经常要把业绩指标分配到不同产品线、分配到每个月。这时候就有一个问题，我们如何把明年的业绩目标具体分配到每个月以及每个产品线上呢？

我们知道，对于有明显淡旺季的企业来说，一年中最重要的就是要把握住旺季，同时又希望自己的产能和成本能随着淡旺季的转换而有相对灵活的转变，在旺季订单到来之前进行设备场地租赁或者是请兼职人员，这就对预测的准确性有比较高的要求。

很多公司的高层都希望拥有具体的时间表，通过时间表能清楚地知道如何统筹安排资源和库存，所以对淡旺季的预测变得异常重要。因为旺季订单剧增的时候，如果没有足够的产能去交付，就需要临时去找资源或找服务商，大大增加了成本，甚至还会错过最佳的业绩创收期，全年的业绩也因此受到很大影响。就好比农民根据二十四节气来安排耕作，一旦错过了播种和收获的时机，当年的收成就会大减。

11.1 有历史数据的周期性预测

周期性预测是基于历史数据，以时间数列反映社会经济现象的发展过程和规律性，推算预测其发展趋势的方法。由于和时间有很强的关联，所以这类预测中最常见的是时间序列预测，也称历史引申预测。周期性预测还有诸多变形，比如加权平均、移动平均、指数等，其中序时平均法最为基础，也是本章重点讨论的对象。

使用时间序列来进行预测的一个前提就是外部环境相对稳定，对商品或服务的需求有淡旺季之分。这种需求是长期、普遍存在的，而不是临时的一个现象，或者一个偶然事件。比如有人持续买彩票，偶尔会中奖，但是他以后何时能中奖，以及奖金额是多少，则是不可预测的。

在企业经营中，由于业务存在淡旺季，比如，旅游行业的企业在假期会有更多的客流量和收益，在工作日的客流和收益相对较少；对医药行业来说，季节交替等流感爆发的季节，是治疗感冒发烧药品的销售旺季。这些业务的淡旺季，为企业的经营活动规划提供了依据。

预测的目的是指导未来实践，当内外部环境相对稳定的时候，我们就可以利用周期预测来分配的资源，优化成本结构安排和招聘员工，制定和分配业绩目标，甚至来调整、丰富产品线等。

就分配资源、优化成本结构与人员招聘而言，我们以共享单车为例来分析。

共享单车业务有着明显的周期规律。在一天当中，夜间的用车频率很低，白天的用车频率也是分时段的。在车站和写字楼附近，白天的用车高峰主要是在上下班时段，因此在这些区域和时间，需要投入大量运营人员。由于运送车辆属于劳动密集型工作，为了降低成本，公司在用车高峰期，可以雇佣兼职人员，这样既能够解决用户需求与资源匹配的矛盾，又不会出现浪费。

至于本章开头提到的制定业绩目标，下个月业绩的目标或明年全年的业绩目标在各月之间如何分配的问题，通常的做法就是根据历史的订单量规律来估计推算业绩目标。具体如何操作呢？

步骤一：使用公式 FORECAST 函数。

FORECAST 函数存在两个版本，在 Excel 2010 中，FORECAST 函数只有一个；在 Excel 2016 中有 6 个非常相似的选项，我们在这个版本中，选择 forecast.linear 就可以，因为这是最基础的。

FORECAST 函数中有三个参数，第一个参数是未来某个时间，可以是未来的某年、某月或某天；第二个参数是历史数据的金额或数量（也就是坐标中的 Y），第三个参数的过往日期与第一个参数单位相同。

步骤二：准备历史数据。

一般来说，数据库中的资料日期在先，数值在后。为了使用公式方便，可以加标注，如表 11-1 所示。

表 11-1　企业年度业绩表

	A	B
1	过往日期 （注：第三个参数）	金额或数量 （注：第二个参数）
2	1995 年	×××
3	1996 年	×××
4	1997 年	×××
5	……	×××
6	2021 年	×××

步骤三：公式计算。

计算过程很简单，只需要把未来某个日期作为第一个参数，就可以直接计算了，如表 11-2 所示。

表 11-2　企业年度业绩目标预测示例表

	A	B	C
1	过往信息	1995 年	× × ×
2		1996 年	× × ×
3		……	× × ×
4		2021 年	× × ×
5	预测	2023 年	note 1

note1 是预测值，公式可以这样写：

=forecast（B5，C2：C4，B2：B4）

第一个参数：B5 就是未来的时间，这里写的是"2023 年"。

预测日期的格式要与历史日期的格式统一，如果历史日期具体到日，那么需要预测的日期格式也要精确到日。

第二个参数：C2：C4 是历史数据的数量或金额，因为反映的是坐标轴上的 Y 值，所以都是数值型。

第三个参数：B2：B4 是历史日期，直接选中即可。

在 note 1 中函数计算的结果含义就是，预测在 2023 年，数量或金额将达到什么水平。

至此，基于历史数据的周期预测就完成了。

11.2 无历史数据的蒙特卡罗模拟测算

蒙特卡罗模拟测算是一种基于概率的数学算法，也是一种风险评估技术。特点是面临很多假设，且其中有些存在较高的不确定性。这些变量都有一定的波动区间，计算过程是通过大量的随机抽样，模拟出最有可能的结果，这个答案也是一个区间，不是一个固定的值。

在没有历史数据，或者由于外部环境发生了巨大变化，比如经济、法律、科技的更迭，企业不得不在一个全新的环境中生存时，可能过去的经验已经完全不可参考，这时候，企业要想打破发展瓶颈，寻求破局之路，用蒙特卡罗模拟测算进行效果估计只一个不错的选择。

不过，虽然蒙特卡罗模拟测算在环境变化时可以帮助我们进行发展评估，但也存在局限性。它要求我们把所有不确定性因素都罗列进来进行评估，一旦出现遗漏的变量，或建模时自认为短期内稳定的假设，因意外或突发事件导致不利的风险出现，这个预测结果就不准了。当考虑不周全时，突变的假设变量无法进行随机抽样，所以没有参与计算。正所谓"人算不如天算"，就是这个道理。

对企业来说，经济下行或者环境变动时，决策往往伴随着不确定性，如何进行风险评估，把不确定性因素和风险降低，是他们亟须解决的问题。

比如，某医药企业的药品和衍生品（养生保健类）一共有近百种，价格较高的不好卖，销量很低；价格便宜的，销量高却不挣钱。这时候，产品线的取舍与组合成为该企业的一个难题。

此外，还可能遇到一些别的挑战。比如，为了达到第二年的收入目标，如何设定未来的每个产品线的销量目标和建议的售价范围，以及确定相关的判断依据。

一般而言，企业如果要冲出红海，就要推出全新的产品。当竞品参考的资料也很少的时候，如何评估这个项目是否盈利，要不要投产，是企业亟须解决的问题。

针对以上问题，蒙特卡罗模拟测算都可以给出有价值的参考。那么，蒙特卡罗模拟测算具体能提供哪些价值呢？

（1）节省决策的试错成本

公司的成本有一部分是由试错带来的，利用蒙特卡罗模拟测算能把试错成本降到最低。在不需要投入真金白银的情况下，使用蒙特卡罗模拟测算，可以获得一个接近实际的模拟结果；在项目正式开始前，做蒙特卡罗模拟测算，有利于评估和降低风险。

（2）能快速上手

财务 BP 人员不需要像科学家那样做复杂的假设，只需要考虑经营决策常用的假设变量。即便是没有 IT 和数学基础的人，在电脑上用 Excel 也能很快得出答案，实现快速上手。

（3）可以量身定制

这种数学计算方法不受行业和业务特点的约束，也不像财务那样，需要记住专用术语。它不需要标准模板，任何决策者或者是财务 BP、经营分析人员等都可以联合业务人员共创，量身定制计算模型。

对于很多企业来说，做收入预算是一件头疼的事。这是因为财务 BP

本身没有掌握收入的预测方法，不能像企业经营者一样拥有成本费用的控制权（对于采购、裁员等，企业经营者有话语权），所以收入预算或收入预测的目标定多少合适，只能由业务部门决定。定下的目标可不可行，也需要看实际情况，"走一步看一步"。

面对收入预测"黑箱"，公司的最高层也不愿意处于被动状态，所以会要求财务 BP 或经营分析人员对收入构成的各因素都做出一个最佳估计，包括各产品线的销量预测、各产品线的售价预测等，把这些变量因素都写得明明白白、清清楚楚，特别是在明年公司的经营战略和策略都发生了变化，过往的经验不能直接参考的情况下。如何做出这样的最佳估计，相信绝大部分人都认为太难了，根本做不到。

在传统的预测方法都不能实现的情况下，可以用蒙特卡罗模拟测算来试试。

步骤一：列出所有变量并且写出估计的变动区间。

根据财务 BP 和业务部门共同创作出来的企业画布，列出所有的变量，而变量的波动区间是由业务部门给出来的。

步骤二：根据变量搭建模型。

模型的搭建没有固定的模板，需要根据自己的实际情况来定。比如，想做收入预测，就把收入的主要因素写出来；想做成本费用预测，就可以写出相应的内容，而两者相减就是利润预测。

比如，某培训机构为了培训班业务搭建最简单的净利润预测模型，由于所有的变量都是不确定的，就产生了波动区间。

我们可以先创建表单，命名为"净利润模拟测算"，如表 11-3 所示。

表 11-3　净利润模拟测算示例表

	A	B	C	
1	序号	项目名称	公式与函数	
2	（1）	报名人数	note 1	⇐ 具体数值不确定，在给定范围内用函数随机取值
3	（2）	学费单价	note 2	⇐ 具体数值不确定，在给定范围内用函数随机取值
4	（3）	收入	note 3	⇐ 公式计算
5	（4）	渠道佣金	note 4	⇐ 具体数值不确定，在给定范围内用函数随机取值
6	（5）	运营成本	note 5	⇐ 具体数值不确定，在给定范围内用函数随机取值
7	（6）	净利润	note 6	⇐ 公式计算

收入计算用人数乘以单价即可。note 3 = note 1 × note 2。

净利润用收入减佣金和运营成本即可。note 6 = note 3–note 4–note 5。

步骤三：运用随机抽样。

RANDBETWEEN（xx，yy）

因为蒙特卡罗模拟测算需要对变量进行随机抽样，所以要用随机抽样的公式。两个参数分别是波动范围的下限和上限。

假如该培训班报名人数在 100~300 人，note 1 公式可以这样写：

= RANDBETWEEN（100，300）

课程单价定价也有较大的空间，可能在 3000~5000 元。

note 2 公式可以这样写：

=RANDBETWEEN（3000，5000）

步骤四：运用模拟测算功能。

在使用此功能的时候，需要注意以下两点：

①进行模拟测算时，单独建立一页，再建立表头，内容共两列，第一列是模拟计算结果的次数，第二列是用命令自动计算的结果。

②在蒙特卡罗模拟测算中，模拟测算次数越多越好，比如计算 3000 次就比 1000 次更好。运算耗用时长和电脑性能有关，目前个人电脑的算力都可以支持几千次的运算。

我们可以先创建一个新表单，命名为"模拟测算底稿"，在 B2 单元格引用表单"净利润模拟测算"的 C7 单元格，如表 11-4 所示。

表 11-4　模拟测算底稿

	A	B
1	测算次数	模拟测算
2	1	（需要引用）
3	2	
...	3	
3000	2999	

选中 A1：B3000，点击"模拟运算"，会弹出"模拟运算表"对话框，第一行留空，鼠标放在第二行，输入"引用列的单元格"，然后在区域以外点击任何位置，比如 H1 单元格。B2 到 B2999 的所有计算结果就出来了。

功能所在位置：从 Excel 顶部点击"数据"，从工具栏中"数据工具"可以看到"模拟分析"，点击后可以看到"模拟运算表"。

步骤五：运用平均值函数。

AVERAGE（xx，yy），这个公式用于计算某个区域的数据的平均值。两个参数中的第一个表示区间的第一个数据，后面是区间的最后一个数据。

在蒙特卡罗模拟测算中，需要对模拟测算数千次后的结果求平均值。第一个参数就第一次模拟测算的结果，第二个参数就是最后一次模拟测算的结果。

这时，我们可以继续在"模拟测算底稿"中操作，如表 11-5 所示。

表 11-5 运用平均值函数模拟测算底稿

	A	B	C	D
1	测算次数	净利润模拟测算	净利润平均值	note 1
2	1	×××		
3	2	×××		
…	3	×××		
3000	2999	×××		

净利润随机抽样 3000 次的平均值 note 1 = AVERAGE（B2：B3000）

步骤六：运用标准差差函数。

STDEV.P（xx，yy），和求平均值一样，第一个参数也是区间的第一个数据，第二个参数是区间的最后一个数据。

对于标准差的理解就是围绕中线波动的区间"宽"还是"窄"，也就是预测数据靠不靠谱。如果波动区间很宽，说明用平均值加减标准差的上限与下限距离很远，这意味着测算精确度不高；如果预测精准度太低，预测就不可信，没有参考意义了。

我们可以通过增加模拟测算次数，比如达到上万次，或收窄波动区间，从而提高测算的精准度。

接着，继续在"模拟测算底稿"中操作，如表 11-6 所示。

表 11-6 运用标准差差函数模拟测算底稿

	A	B	C	D
1	测算次数	净利润模拟测算	净利润平均值	note 1
2	1	×××	净利润标准差	note 2
3	2	×××	净利润上限	note 3
…	3	×××	净利润下限	note 4
3000	2999	×××		

净利润随机抽样 3000 次的标准差 note 2 = STDEVP（B2：B3000）

净利润的波动区间就可以计算出来，最乐观的估计是上限：note 1+ note 2，最悲观的估计是下限：note 1−note 2。

这表示经过 3000 次随机抽样的结果，项目基于当前假设下，基本上可以确定，净利润就在上限与下限之间徘徊。

步骤七：观察计算结果。

在 Excel 中按住 F9 刷新，可以看到数据在不停地随机更新，测算结果滚动变化，你会注意到计算结果的数字在变化，以及在同一个单元格里面，哪几位数字是固定的，哪几位的数字是变化的。

比如，收入所在的单元格显示是 8 位数字，那么很有可能它的前 2 位已经固定了，后 6 位在不停地变化。

步骤八：缩小预测值波动的范围。

如果想让这个数值变化的波动区间再收窄，比如我想让一个净利润预测的准确度误差从几十万元缩小到几万元，我们就需要收窄一些变量区间。在波动区间收窄的情况下，当预测结果和预期有较大偏差的时候，要对参数做整体的调整。

比如，我们看到的收入达不到预期的目标或者是净利润仍然是负数，可以对每个变量的波动范围做重新调整。

步骤九：调整企业画布，优化调整参数。

每一个变量的波动范围都有其假设条件，每当我们调整的时候，一定要围绕假设进行，一旦脱离了假设前提，会变成单纯的数字游戏。假设的参考依据都记录在企业画布中，也就是经营剧本，包括我们的定位、价值提供、成功关键因素、客户细分等。

还要注意的是，当我们的目标收入达不到预期时，要重新让业务部门修改经营剧本，再据此调整收入构成的影响因素变量，如单价、复购次数等。

比如，将销售价格区间从 40~50 元变成 70~80 元之后，我们按 F9，重新刷新数据，随机抽样，计算结果也就相应地调整了。

一边修改剧本一边调整变量，重复循环，直到达到你的满意目标为止。

在这个过程中，只有业务部门参与了企业画布的调整，才会认真考虑落地的策略，才有可能去执行，这也是财务 BP 引导业务的关键。

比如，模拟出了某产品线的最佳的销售量和建议销售价格，如何选择最佳渠道，如何组织营销活动从而留住客户、增加转化率，如何发现未满足需求，据此研发新产品，设计产品体系等，这些都需要研发部、销售部、市场部、客服部共同讨论。

总而言之，在预测最佳值的过程中，我们要根据实际情况，单独运用时间序列预测或蒙特卡罗模拟测算，因为它们代表了两种完全相反的应用场景。

此外，建模虽然是个"数学题"，但它要以"经营剧本"为基础，任何模型调整，都要和"剧本"同步修改。这样，以后不论是解释模型还是修改模型，都有据可查，不再需要从零开始了。